BRAIN FITNESS

브레인 체력

유정애 글·그림

BRAIN FITNESS
브레인 체력

인 쇄 2020년 3월 25일
발 행 2020년 3월 30일

지은이 유정애

발행처 레인보우북스
주 소 서울특별시 관악구 신림로 75 레인보우B/D
전 화 (02)2032-8800
팩 스 (02)871-0935
E-mail min8728151@rainbowbook.co.kr

www.rainbowbook.co.kr

ISBN 978-89-6206-467-4 (93690)
값 16,000원

*본서의 무단복제를 금하며, 잘못된 책은 구입한 곳에서 교환해 드립니다.

BRAIN FITNESS

목차

서문　　　　　　　　　　　　　　　　　　　　　　　6

Part 1 운동, 몸 그리고 브레인체력의 관계를 알아봅시다.

Chapter_ **1**　운동을 해야 하는 진짜 이유　　　　　　11

Chapter_ **2**　글로벌 리더로 성장한 이유　　　　　　　21

Chapter_ **3**　스포츠 스타가 된 이유　　　　　　　　　29

Chapter_ **4**　운동과 인체　　　　　　　　　　　　　　39

Chapter_ **5**　미래 인재로 성장하는 길　　　　　　　　45

BRAIN FITNESS

목차

Part 2 브레인 체력을 소개합니다

Chapter_ 6 브레인 체력 55

Chapter_ 7 브레인 근력 67

Chapter_ 8 브레인 지구력 77

Chapter_ 9 브레인 유연성 85

Chapter_ 10 브레인 균형성 93

Chapter_ 11 브레인 민첩성 101

Chapter_ 12 브레인 템포 111

Chapter_ 13 브레인 협응성 119

BRAIN FITNESS

목차

Part 3 브레인 체력은 미래를 위한 뿌리 역량입니다

Chapter_ **14** 브레인 체력과 청소년의 미래   129

Chapter_ **15** 브레인 체력의 운동 원리   155

Chapter_ **16** 브레인 체력과 청소년의 진로   169

맺는 글 / 194

브레인 체력운동 계획표 / 200

참고문헌 / 202

청소년들을 위한 운동 교양서

서문

───── 우리는 체력을 생각할 때, 인체의 목 부분을 제외한 나머지 몸(body) 체력만을 생각하는 경우가 많습니다. 또한 체력은 TV에 나오는 운동선수들에게만 필요한 요소라고 생각할 때도 많습니다. 체력은 우리 모두에게 가장 중요한 능력입니다. 체력은 국력이 아니라, 체력은 핵심 역량입니다.

체력은 운동선수, 체육전공자, 체육 분야에서 공부하거나 일을 하는 사람뿐만 아니라, 우리 모두에게 필요한 뿌리 역량입니다.

저자는 우리가 교육을 받는 이유에 대해 '살아가는 힘'을 배우기 위해서라고 믿고 있습니다. 가장 일반적인 교육의 공간은 아직도 학교이지만, 최근에는 교육을 담당하는 공간은 학교를 뛰어넘어 정말 다양해지고 있습니다.

이제는 온라인 또는 오프라인 교육을 통해 자격증을 따고, 학점도 따고, 학교를 졸업하기도 합니다. 심지어 캠퍼스가 없는 미네르바 대학이라는 혁신 대학이 존재하기도 합니다. 정말 과거에는 상상도 할 수 없는 일이 생기고 있습니다.

청소년 여러분이 살아갈 미래 사회는 더욱 신기한 교육 공간이 만들어지고 상상 속에서 벌어질 일들이 많이 생길 것입니다. 이제 학교에서만 교육을 전담하는 것이 아니라, 어디에서든 공간에 관계없이 다양한 형태의 교육활동이 이루어질 것입니다.

우리가 운동을 배워야 하는 이유도 마찬가지입니다. 일부 사람들은 운동은 그냥 하면 되는 것인지, 왜 굳이 '교육'을 받아야 하느냐고 되물을 수 있습니다. 청소년 여러분, 우리가 대한민국에 태어나 '우리말'을 어렸을 때부터 할 수 있지만 '국어'교육을 받듯이, 운동도 마찬가지라고 생각하면 됩니다. 체계적인 국어교육을 통해 우리말에 있는 본연의 참뜻과 문화적 의미를 이해하고 올바르게 우리말을 구사하게 되는 것처럼, 운동도 마찬가지입니다. 체계적인 운동 교육을 통해 운동의 본질적인 의미를 이해하고, 운동을 통한 생애 역량(=살아가는 힘)을 기르기 위해서입니다.

따라서 저자는 여러분들이 이 책을 읽고 왜 운동을 지속적으로 참여해야 하는지를 터득하기를 희망합니다. 평상시에 우리가 '살아가는 힘'(=생애 역량)을 축적해야만, 필요할 때에 살아가는 힘을 올바로 사용할 수 있답니다. 만약 여러분이 지금은 학교 공부나 대학 입시에 너무 바빠서 운동을 게을리 한다면, 나중에 어른이 된 다음 여러분은 청소년기에 운동을 더욱 열심히 참여하면 좋았을 텐데 아쉬움을 크게 가지게 될 것입니다. 끝으로, 운동에 참여하는 청소년의 미래는 운동에 참여하지 않은 청소년보다 분명히 밝을 것입니다. 그 이유는 브레인 체력은 미래의 뿌리 역량이기 때문입니다.

2020년 2월

유 정 애

운동, 몸 그리고 브레인 체력의 관계를 알아봅시다

Part 1

청소년 여러분, 우리는 세상에 태어나는 순간부터 몸을 움직이게 됩니다. 이것을 운동(movement 또는 exercise)이라고 합니다. 운동은 우리의 삶 그 자체입니다. 그러나 어느 순간부터 운동은 우리의 삶 속에 있는 것이 아니라, 특정한 사람, 특별한 시기, 특별한 장소 등에서 이루어지는 것으로 인식되고 있습니다. 우리의 삶 속에서 가장 운동이 필요하고 중요한 때인 '청소년 시기'에 '운동'은 청소년의 삶과 멀어져 있어서 안타깝습니다. 그 이유는 여러 가지가 있다고 생각됩니다. 이 부분에서는 운동이 청소년의 삶과 멀어지게 된 이유를 다루기보다는, 그 반대로 운동이 청소년의 삶과 가까워져야 하는 이유에 대해 이야기하고자 합니다.

Part 1 _ 운동, 몸 그리고 브레인 체력의 관계를 알아봅시다

Chapter_1

운동을 해야 하는 진짜 이유

——— 우리가 지금 운동을 해야 하는 이유가 무엇일까요? 또한 우리가 평생 동안 운동을 해야 하는 이유가 무엇일까요? 우리는 세상에 태어나서 가장 먼저 하는 것이 몸(body)을 움직이는 일입니다. 세상에 막 태어난 아기는 몸을 움직이며 울음을 터트리면서 우리의 삶을 시작합니다. 우리는 한 인간으로써 몸을 움직이지 않는다면, '삶'을 마감했다고 말할 수 있을 것입니다. 이는

인간의 움직임은 바로 인간의 생명이라고 볼 수 있기 때문입니다.

그러나 우리는 생명과 같은 이 소중한 움직임을 배워야 하는 이유에 대해 단 한 번도 깊이 생각하지 않고 있습니다. 우리들 대부분은 단순히 건강을 위해서 운동을 해야 한다고 생각하고 있습니다. 물론 이 생각은 틀린 것은 아닙니다. 하지만 건강을 위해 운동을 해야 한다는 생각은 「운동을 해야 하는 이유」를 정확하게 표현하지 못하고 있습니다.

우리나라에서 전 국민의 스포츠활동 증진을 위한 정책과 사업을 담당하는 문화체육관광부(2018)에서 발표한 자료에 따르면, 많은 국민들은 '건강유지 및 증진', '여가 선용', '체중조절 및 체형관리', '스트레스 해소'등의 이유로 체육활동에 참여하는 것으로 나타났습니다.

우리나라 국민들이 운동을 하는 이유를 연령대별로 구체적으로 살펴보면, 연령이 높을수록 '건강유지 및 증진'이라고 높게 응답하고 있습니다.

또한 10대의 체육활동 이유를 구체적으로 살펴보면, 가장 높은 비율로 나타난 이유는 '건강유지 및 증진'이며, 두 번째로 나타난 이유는 '스트레스 해소'로 나타났습니다. 10대의 경우, '건강유지 및 증진'비율은 전 연령대에서 상대적으로 가장 낮은 비율로 나타나고 있습니다. 이는 10대들이 아무래도 연령이 낮은 관계로 다른 연령대들보다 '건강유지 및 증진'에 대해 관심이 적은 것으로 볼 수 있습니다. 또한 '스트레스 해소'로 체육활동을 한다는 이유는 10대의 경우 가장 높은 비율로 나타나고 있습니다. 이는 10대들이 학업에 관한 스트레스 해소로 체육활동에 참여하는 것으로 풀이할 수 있습니다.

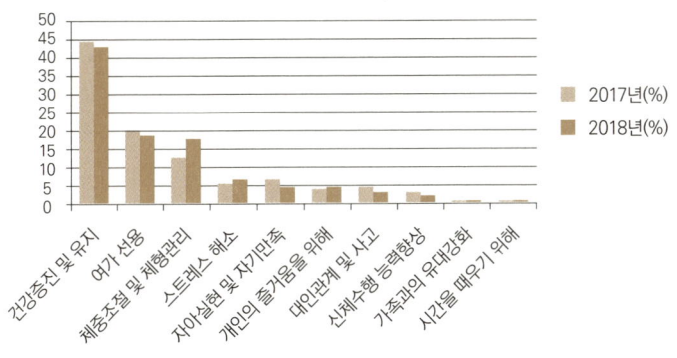

※ 출처 _ 문화체육관광부, 국민생활체육참여실태조사, 2018

연령대별 체육활동 이유

	건강유지 및 증진	체중조절 및 체형관리	여가선용	스트레스 해소	자아실현 및 자기만족	개인의 즐거움을 위해	대인관계 및 사교	신체수행 능력향상	시간낭비	가족과의 유대강화
10대	61.5	42.1	33.9	48.2	36.0	32.4	14.2	21.6	4.1	1.4
20대	71.5	57.7	42.8	39.8	30.3	23.8	17.4	11.7	2.6	0.7
30대	76.4	55.4	42.0	43.8	26.8	21.4	16.1	10.5	1.6	3.8
40대	78.1	53.7	40.7	42.3	27.0	21.8	17.4	13.2	1.0	2.9
50대	78.7	50.2	44.2	36.8	25.9	23.9	19.2	13.3	1.8	3.1
60대	84.6	45.1	45.4	33.4	23.6	24.5	15.9	18.8	3.3	2.2
70대 이상	90.5	49.6	43.5	29.9	20.8	22.8	9.3	21.2	6.3	0.7

※ 출처_문화체육관광부, 국민생활체육참여실태조사, 2018

이 부분에서 살펴본 바와 같이, 우리나라 국민들이 체육활동을 하는 이유는 다양한 것으로 나타났습니다. 그러나 문화체육관광부에서 조사한 체육활동 이유는 우리가 운동을 하는 이유를 빠짐없이 설명해 주지 못하고 있습니다.

그렇다면 여러분은 저자한테 운동을 해야 하는 또 다른 이유에 대해 질문할 것입니다. 여러분에게 답변을 먼저 제시한다면, 저자는 운동을 해야 하는 이유를 브레인 체력(Brain Fitness: BF) 증진이라고 말할 것입니다.

여러분은 '운동을 해야 하는 이유가 브레인 체력(BF)이라고요?'라고 질문할 수 있을 것입니다. 아마 '처음 듣는 말인데.....'라고 마음속으로 이야기할지도 모릅니다. 우리가 '운동을 해야 하는 이유는 체력(PF: Physical Fitness)인데... 이게 아닌가요?라고 질문을 계속 할지도 모릅니다. '우리는 운동을 하면 체력이 증진된다고 배웠는데요? 이상하다.... 체력이 아니고 브레인 체력이라구요?'라고 고개를 갸우뚱 갸우뚱 할 지 모릅니다.

맞습니다. 우리가 운동을 해야 하는 이유는 브레인 체력을 기르기 위해서라고 생각합니다. 브레인 체력은 '두뇌 안에 있는 체력'을 의미합니다. 다시 말하면, 브레인 체력은 우리의 두뇌 체력으로, '생각하는 힘'을 기르게 할 수 있습니다.

우리가 운동을 해야 하는 이유는 단지 생물학적 육체의 힘을 기르는 데에만 있는 것이 아니라, 생물학적 육체의 힘뿐만 아니라 '생각하는 힘'도 함께 기를 수 있음을 의미합니다. 그런데 그동안 우리는 두 번째 진짜 이유(생각하는 힘)를 인식하지 못하고 있었고, '생각하는 힘'은 운동을 배우는 이유가 아니라고 생각하는 사람들이 상당수 존재합니다. 왜 그럴까요?

이는 주변에서 운동을 배우는 이유를 체력(physical fitness)에 한정하여 이야기했기 때문에 여러분도 깊이 생각하지 못한 상태에서 이 주장에 동의하였을 것입니다. 실제로 앞서 이야기한 것처럼 운동을 해야 하는 이유가 체력(physical fitness)의 증진인 것은 분명하기 때문입니다. 그러나 안타깝게도 운동을 배우는 진짜 이유에 대한 인식 부족으로, 여러분은 운동을 재미있게 그리고 즐겁게 배우면서도 '생각하는 힘'을 충분히 습득하지 못하는 일이 발생합니다.

최근에 운동이 학력 증진에 도움이 된다는 외국의 연구 결과가 국내 언론에 소개되면서 국내 학교에서도 다양한 교육실험을 진행한 적이 있습니다. 이 교육 실험을 통해 0교시에 운동을 하거나 점심 시간 또는 오후 시간에 운동을 규칙적으로 참여한 학생들의 학력이 그렇지 않은 학생들보다 높은 것으로 보고되었습니다. 이 결과는 외국의 연구 결과와 동일합니다. 이 교육실험을 통해 입시위주의 학교생활이 그나마 '틈새운동'을 할 수 있는 대한민국으로 아주 조금씩 변화되고 있어 다행이라고 생각합니다.

그러나 저자는 이와 같은 현상에 만족하지 않습니다. 운동이 육체의 힘(=체력, physical fitness)뿐만 아니라, 학력 증진에 도움이 된다고 하니 더 이상 바랄 것이 없을 수도 있습니다. 그러나 이상하게도 저자는 이것만으로는 우리가 운동을 해야 하는 진짜 이유를 설명하기에는 모자람이 있다고 느껴집니다. 왜냐하면 특정 분야의 공부(예: 국어, 영어, 수학 등)를 잘하는 사람이 반드시 국가사회에서 필요한 인재가 되는 것은 아니기 때문입니다. 여러분이 직접 주변이나 사회적으로 알려진 인재들을 잘 살펴보길 바랍니다. 저자는 저자의 운동 경험을 포함하여 운동을 실천하는 사람들을 주변에서 보거나 각종 다양한 매체를 통해 심층적으로 분석하면서, 그 이상의 무엇이 존재함을 확신할 수 있습니다. 저자는 스포츠교육학을 오랫동안 공부한 사람으로, 그리고 오랫동안 스포츠교육학을 연구하며 교육하면서 최근에 깨닫게 된 것은 우리가 운동을 하는 이유는 바로 브레인 체력에 있다는 점입니다.

　혹시 저자가 10년 후나 20년 후에 지속적인 연구와 교육으로 또 다른 깨달음을 얻게 될지도 모르겠지만, 현재로서는 브레인 체력이 우리가 운동을 하는 이유를 가장 잘 설명해주고 있다고 생각합니다. 다시 이야기하면, 우리가 운동을 하는 이유는 '브레인 체력을 갖춘 인재로 성장'하기 위해서입니다.

　세계미래인재보고서(2030~2050) (박영숙, 제롬 글렌 지음)에서도 인재의 덕목은 이제 IQ나 국영수 성적이 아니라 「복원력」 또는 「적응력」이라고 합니다. 이는 한번 실패한 것으로 무너지면 패자가 되고, 실패해도 오뚝이처럼 다시 일어서는 복원력을 가진 사람이 최후의 승자가 될 수 있다는 의미입니다(박영숙, 제롬 글렌, 2017). 브레인 체력은 바로 복원력을 기를 수 있는 가장 확실한 지름길입니다.

　따라서 여러분이 저자의 주장대로 운동을 하는 이유를 공감하고 운동에 참여하게 되면 '100%'이상을 얻을 수 있지만, 브레인 체력에 관한 공유가 불가능하다면 '100%'을 얻을 수 없습니다. 우리가 교육적으로 무엇인가를 얻고자 한다면, 해당 내용의 교육적 가치에 대해 이해해야 하고 그 가치에 따라 움직여야 합니다.

이제 앞으로 여러분은 운동을 하는 이유를 '브레인 체력'을 기르기 위해서라고 인식하고, 운동을 열심히 배우고 참여하길 바랍니다.

BRAIN FITNESS
브레인 체력

Chapter_2
글로벌 리더로 성장한 이유

───── 지구촌의 모든 부모들에게 자녀들이 사회 구성원이 되어 '리더'(leader)가 되기를 희망하는지, 아니면 '팔로워'(follower)가 되기를 바라는 지를 질문한다면, 당연히 팔로워가 아닌 리더가 되기를 원한다고 답을 할 것입니다.

리더(leader)는 타인을 지도하고 선도하는 사람입니다. 즉 리더는 어려운 환경 속에서 다수의 사람보다 앞서 생각하고 행동하는 사람을 말합니다. 다수의 사람보다 앞서고 생각한다는 것은 자신의 이익을 추구하기 보다는 공동체의 이익을 우선적으로 추구해야 합니다. 이 과정 속에서 리더 자신들은 손해를 보거나 억울한 일을 겪기도 합니다. 이런 속성 때문에 리더의 자리는 누구나 할 수 있는 쉬운 자리는 아닙니다. 우리 주변에는 어느 위치에 있던 '리더'가 되고자 하는 청소년들이 많습니다. 좋은 현상이라고 생각합니다. 그런데 리더가 되고자 하는 청소년 가운데 리더의 역할과 리더의 노력 과정에 대한 충분한 이해 없이, 리더가 되고자 하는 청소년들이 존재합니다.

이제 우리는 지구촌 곳곳에 있는 청소년들이 어떤 과정과 노력을 거쳐 모두가 존경하는 글로벌 리더(global leader)가 되었는지 생각해 보도록 합시다. 먼저 이 사람들은 공부를 열심히 했습니다. 물론 공부는 학생 또는 청소년의 가장 중요한 책임으로, 여러분도 항상 공부를 열심히 해야 합니다. 이 부분에서 공부의 의미는 학교에서만 배우는 공부를 의미하지 않습니다. 글로벌 리더들은 청소년 시기부터 학교 안이든 학교 밖이든 자신의 삶에 충실하고 관심 분야에 집중해서 열심히 공부를 했습니다. 실제로 우리 주변에 학교 공부를 그다지 잘 못해도 글로벌 리더가 된 경우도 많이 존재합니다.

　우리가 누군가를 국가사회 인재 또는 글로벌 리더로 이야기할 때는 해당 리더들이 다수의 사람들에게 큰 영향을 미치는 사람으로 생각하게 됩니다. 앞에서도 설명한 것처럼 '리더'가 된다는 것은 많은 사람을 가운데 의미 있는 역할을 하는 사람이 된다는 것입니다. 리더는 사람과의 관계성에서 만들어집니다. 사람과의 관계성은 공부로만 만들어지지 않습니다. 사람과의 관계성은 사람과 사람(들)이 부딪히며 만나면서 만들어집니다. 이 모습은 우리가 수행해 왔던 다양한 운동의 참여 모습과 일치합니다. 운동은 일부 운동을 제외하고, 사람과 사람이 만나 함께 만들어가게 됩니다. 때로는 만남의 횟수와 목적이 운동마다 각기 다를지라도, 운동은 거의 대부분 사람과 부딪히며 함께 만들어 갑니다.

　최근 중앙일보사(2019년 1월 3일자)가 우리나라 사회의 오피니언 리더인 전문 직업군 대표자 100명을 인터뷰한 결과, 미래인재의 핵심 역량은 창의력, 인성, 융·복합능력, 협업역량, 소통능력 등이라고 소개하고 있습니다. 이 핵심 역량을 깊이 분석해보면, 거의 모든 역량은 사람들과의 관계에서 발생하는 역량임을 알 수 있습니다.

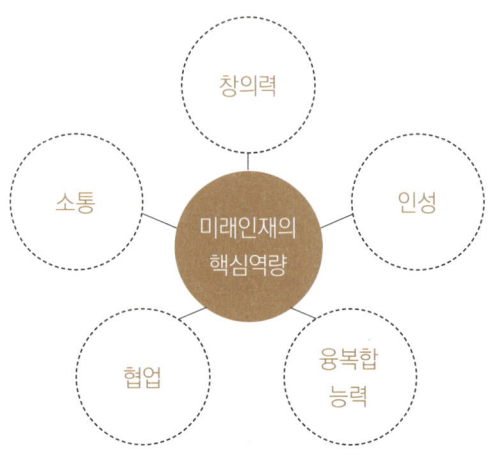

그런데 안타깝게도 우리나라에서는 이 핵심 역량을 책에서 얻으려고 합니다. 물론 책에서도 이 핵심 역량을 기를 수는 있습니다. 그러나 책에서 얻는 역량은 극히 제한적인 역량에 해당되며, 설사 해당 역량을 기르더라도 해당 역량의 깊이 있는 수준에 도달하기 어렵습니다. 그 이유는 책에서 얻은 핵심 역량을 실제로 적용 또는 연습해 볼 수 있는 한계가 있기 때문입니다. 운동은 이 한계를 극복하게 할 수 있습니다.

앞에서 저자는 글로벌 리더의 공통점에 대해 언급한 내용이 있습니다. 놀랍게도 과거부터 현재까지 글로벌 리더인 사람들의 공통점은 어렸을 때부터 지속적으로 운동에 참여했다는 것입니다. 우리 주변에는 정말 많은 글로벌 리더들이 있지만, 그 리더들 중의 가장 대표적인 글로벌 리더인 미국 대통령의 예를 소개하겠습니다. 루스벨트 대통령, 아이젠하워 대통령, 레이건 대통령, 부시 대통령, 클린턴 대통령, 오바마 대통령 등 거의 모든 대통령은 어렸을 때부터 스포츠활동에 적극적으로 참여해 왔습니다.

루스벨트 대통령

아이젠하워 대통령

레이건 대통령

부시 대통령

물론 이들은 글로벌 리더로 성장하고 활동하기까지 여러 가지 노력을 기울이고 우리가 모르는 원인이 있었겠지만, 분명한 것은 스포츠 활동으로 얻어진 리더십이 이들을 글로벌 리더로 만들었다고 생각합니다. 스포츠는「리더십의 시작과 끝」이라고 합니다(스포츠서울, 2018, 12월 7일자). 전 세계적으로 명문 학교 또는 명문 가문에서는 스포츠를 리더의 필수 요소로 인식하여 어렸을 때부터 다양한 스포츠활동에 의무적으로 참여시킵니다. 우리나라처럼 좋은 대학(?)에 가기 위해서 학원에만 가지 않습니다. 상당수의 대한민국 부모들은 자신의 자녀들에게 운동은 나중에 대학가서 해도 늦지 않다고 말합니다. 대학에 입학을 한 후에는 좋은 직장에 취업을 해야 하니, 좋은 직장에 취업한 후에 운동을 하라고 합니다. 물론 과거보다 이렇게 생각하는 부모님들의 비율이 줄어들고 있어 정말 다행이라고 생각하지만, 아직도 저자는 주변에서 어렵지 않게 이런 부모들을 만납니다. 이런 부모님들을 접하게 되면, 해당 부모를 둔 자녀가 정말 측은하게 느껴지는 것이 솔직한 고백입니다. 물론 운동은 대학에 들어가서 혹은 직장에 취업한 후에 참여해도 관계는 없습니다. 조금 과장해서 이야기하면, 하늘나라에 갈 때까지 운동을 하지 않아도 됩니다.

그러나 유아, 아동기, 청소년기를 지나오면서 운동을 배우지 못하고 지속적으로 참여하지 않는다면, 운동을 지속적으로 참여한 사람과 비교했을 때 글로벌 리더로 성장할 수 있는 확률이 매우 낮아집니다. 이는 각 연령대에 배워야 하는 운동이 있기 때문입니다. 특히 성인이 되기 전에는 각 연령대에 친구들과 운동을 하며 정서적으로 교류하면서 배우는 귀중한 자산이 있습니다. 이 귀중한 자산은 국어, 영어, 수학 등의 교과서나 참고서를 많이 본다고 결코 얻어지는 것이 아닙니다. 대한민국에서는 많은 청소년과 부모들이 이 귀중한 자산의 존재에 대해 가볍게 여기고 있어 매우 안타깝습니다. 조금만 주변을 여유롭게 돌아보고 세상을 조금만 넓게 본다면, 바로 금방 '정답'을 찾을 수 있는데도 말입니다.

미국의 리더십 연구에 따르면, 강한 리더의 자질은 바로 육체적 파워가 아닌 「정신적 힘」(mental power)에서 비롯된다고 합니다. 우리가 알고 있는 '강한 심장'은 바로 이 「정신적 힘」이라고 볼 수 있습니다. 글로벌 리더들은 우리처럼 공평하게 하루 24시간을 살고 있지만, 매 순간 또는 중요한 시기가 올 때마다 정말 힘든 의사결정을 내리고 있습니다. 그들이 매번 쉬운 결정을 내린다면, 우리가 그들을 글로벌 리더라고 인정하지 않을 것입니다.

저자는 글로벌 리더들이 태어나면서 이러한 정신적 힘을 갖추고 태어났다고 절대 생각하지 않습니다. 여러분도 저자와 마찬가지로 동일한 생각을 할 것입니다. 그럼 어떻게 글로벌 리더(?)다운 정신적 힘을 갖게 되었을까요? 결론부터 이야기하면, 꾸준히 운동을 통해 이들은 한 발짝, 한 발짝 앞으로 나아가면서 「정신적 힘」을 한 단계, 그 다음 단계, 또 그 다음 단계로 쌓으면서 성장했습니다.

Chapter_3
스포츠 스타가 된 이유

─── 이번에는 글로벌 리더에서 스포츠스타의 이야기로 옮겨가 봅시다. 지구촌에는 200개가 훨씬 넘는 스포츠가 존재한다고 합니다. 이렇게 많은 스포츠에 전문적으로 참여하는 운동선수의 수도 상당히 많습니다. 우리나라에도 운동선수들이 많이 존재합니다. 많은 운동선수들 가운데 몇 명의 운동선수들은 스포츠스타가 되어 전 국민의 사랑과 응원을 받고 있답니다.

우리나라에서는 2011년도부터 대한체육회가 중심이 되어 '스포츠영웅'을 선정해 왔습니다.

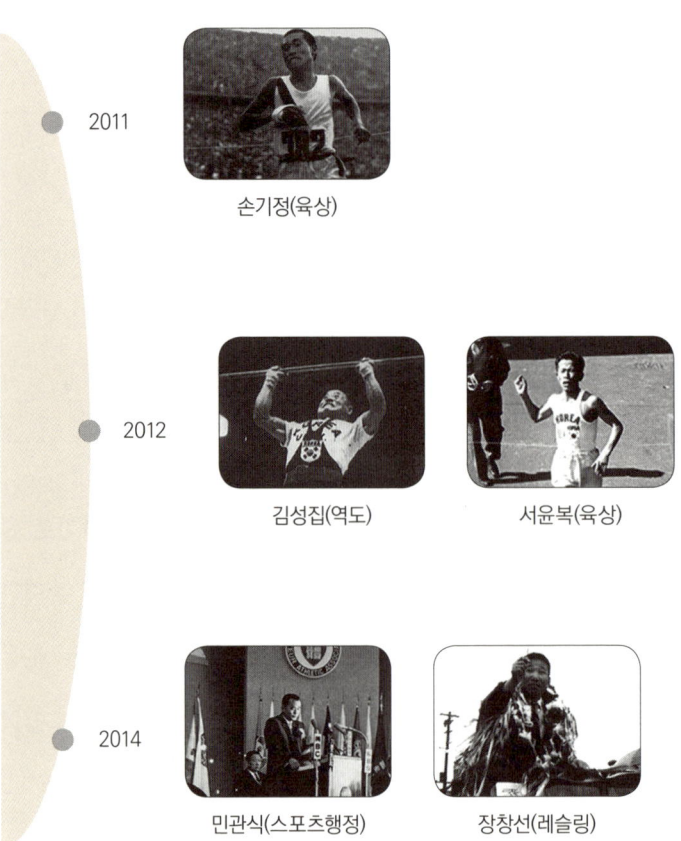

2015

양정모(레슬링)

박신자 (농구)

김운용(스포츠행정)

2016

김연아(피겨스케이팅)

2017

차범근(축구)

2018

김진호(양궁)

김일(프로 레슬링)

※ 출처 _ 대한체육회 스포츠영웅 명예의 전당 홈페이지, 2019

우리나라에서 선정하는 스포츠영웅은 스포츠를 통해 대한민국을 전 세계에 알림으로써 전 국민들에게 많은 기쁨과 희망을 제공해 준 운동선수 또는 체육인(스포츠행정가, 스포츠언론인, 스포츠외교관 등)이 해당됩니다. 동시에 스포츠영웅은 현재 및 미래의 운동선수뿐만 아니라 우리나라 청소년들에게 롤 모델(role model)이 될 수 있는 체육인 중에서 선정됩니다. 다음은 현재 대한체육회에서 제시하고 있는 스포츠영웅의 선정 기준입니다(2019 대한체육회 스포츠영웅 명예의 전당 홈페이지).

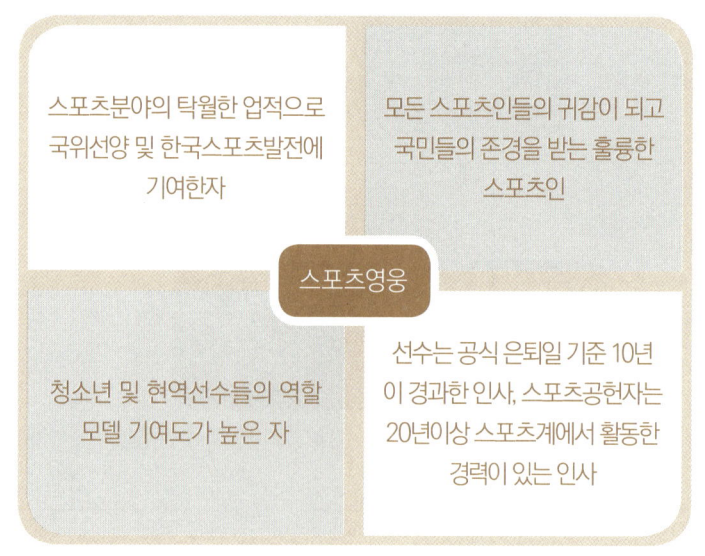

그런데 우리나라도 그렇고 외국에도 그렇고 모든 운동선수가 스포츠스타 자리에 오르는 것은 아닙니다. 왜 어떤 선수들은 스포츠스타의 위치에 오르게 되고, 왜 어떤 선수들은 그렇게 되지 못할 까요? 그것은 바로 브레인 체력의 차이라고 볼 수 있습니다.

여러분은 다소 의아하게 생각할지도 모르겠습니다. 그러나 운동선수는 어렸을 때부터 아주 오랫동안 집중적으로 특정 스포츠를 전문적으로 훈련해 온 사람들입니다. 거의 모든 운동선수들은 선천적으로 운동능력을 타고난 사람들이며, 이 선천적인 능력에 기초하여 후천적인 집중연습과 노력으로 후천적인 운동능력까지 갖춘 사람들입니다. 평범한 사람도 아주 오랫동안 집중적으로 그리고 전문적으로 훈련을 받으면 매우 높은 기술 수준까지 올라갈 수 있습니다. 운동선수들은 운동에 특별한 재능을 갖춘 사람들이고, 추가적으로 훈련에 오랫동안 참여한 사람들이기 때문에 그들이 갖고 있는 운동기술 수준은 거의 비슷합니다.

그렇다면, 운동선수들 가운데 어떤 차이에서 스포츠스타가 되기도 하고, 될 수 없는 것일까요? 저자는 그 차이를 브레인 체력의 차이에서 기인된 것이라고 봅니다. 저자는 개인적으로 김연아 선수와 박지성 선수를 좋아합니다. 이들을 많이 좋아하는 이유는 각 선수의 운동 능력 때문이 아니라, 그들이 보여준 브레인 체력 때문입니다. 김연아 선수와 박지성 선수가 보여준 브레인 체력에 대해서는 이후에 이야기를 할 것입니다.

이 부분에서는 왜 김연아 선수와 박지성 선수가 세계적인 스포츠스타가 되었는지를 함께 생각해 봅시다. 인터넷을 검색해 보면, 다양한 사람들이 김연아 선수와 박지성 선수를 평가한 내용이 있습니다. 여러분 스스로 이들이 평가한 내용을 곰곰이 분석해 보길 바랍니다. 이 두 사람의 공통점은 다른 운동선수와 마찬가지로 아주 어려운 환경에서 처해 있었지만, 다른 운동선수와 다르게 대한민국 스포츠 역사에 오랫동안 기억될 정도로 엄청난 성과를 거두었다는 것입니다.

어떤 점이 열악한 훈련 환경 속에서도 김연아 선수와 박지성 선수를 세계적인 스타로 만들었을까요? 이들의 어떤 점이 다른 운동선수들과 다를까요? 그렇다면 여러분은 왜 어떤 운동선수는 스포츠스타가 되고, 반대로 어떤 운동선수는 평범한 운동선수로 남게 되는지 궁금할 것입니다. 일단 이 부분에서는 이들이 스포츠스타가 된 이유를 그들의 강력한 브레인 체력이라고 설명하겠습니다. 다시 말하면 두 사람은 엄청난 브레인 체력을 갖고 있습니다. 먼저 간단히 두 사람의 특징을 비교해 보겠습니다.

김연아 선수와 박지성 선수는 공통적으로 강한 멘털 또는 강한 심장을 갖고 있는 사람들입니다. 이들이 강한 멘털(또는 강한 심장)을 갖게 된 원인은 김연아 선수의 '절제와 끈기'라고 볼 수 있고, 박지성 선수의 '희생정신과 소통'이라고 요약할 수 있습니다.

김연아 선수
피겨
개인 운동
자기 관리
예술 스포츠 (기술 포함)
자신과의 대결
열악한 피겨 훈련 환경
절제와 끈기
강한 멘털

박지성 선수
축구
단체운동
자기 관리
경쟁 스포츠 (기술 포함)
다른 팀과의 대결
열악한 신체 조건
희생 정신과 소통
강한 심장

우리에게 알려진 김연아 선수는 피겨 선수로서 성장하기 어려운 열악한 환경 속에서 훈련한 선수입니다. 국내에 피겨 스케이트장이 없어서 아이스 하키 선수와 함께 훈련해야 했으며, 훈련 시간도 자유자재로 결정할 수 없었다고 합니다. 더구나 피겨 스포츠는 피겨 부츠 비용, 의상 비용, 안무 비용 등의 많은 경비가 들어가는 스포츠입니다. 그럼에도 불구하고 김연아 선수는 '자기절제와 끈기'로 열악한 환경을 극복한 선수입니다. 특히 적정한 체중을 관리하기 위해 마음껏 먹고 싶은 음식을 먹지 못하고, 중·고등학교 시절 평범한 학생들처럼 학교도 가지 못하고 놀지도 못하는 외로운 학창시절을 보내야만 했습니다. 맛있는 음식을 먹지도 못하고 마음껏 친구랑 놀지도 못하고 여행도 못 가는 등의 현실 속에서 모든 인간적인 욕구를 철저하게 절제하였던 것입니다.

여러분 한번 김연아 선수의 환경을 생각해 봅시다. 만일 김연아 선수처럼 여러분이 매일 똑같은 음식을 며칠간만 먹어야 한다고 가정해 봅시다. 그리고 매일 똑같은 운동 동작을 반복적으로 하면서 며칠만 실천해 봅시다. 아마도 3일 지나면, 저자도 그렇고 여러분도 그렇고 더 이상 똑같은 음식이나 동일한 동작을 지겨워서 하지 못할 것입니다. 그렇지만 김연아 선수는 우리와 달리, 이 어려운 과정을 극복한 사람입니다. 자신의 감정을 절제하고 도망가고 싶은 환경 속에서 꾹꾹 참으며 훈련을 수행한 결과, 강한 멘탈을 갖게 된 것입니다. 박지성 선수도 마찬가지입니다.

박지성 선수는 알려진 바와 같이 축구 선수로 크게 성공하기 어려운 신체 조건을 가지고 있습니다. 2002년 월드컵대회 이전까지는 박지성 선수가 널리 알려진 선수가 아니었습니다. 그런 박지성 선수는 영국 무대에서 활동할 당시, '2개의 심장을 가진 선수'라는 별명을 얻게 됩니다. 외국인이 보았을 때 박지성 선수는 2개의 심장을 가진 사람으로 보였던 것 같습니다. 이 별명은 박지성 선수의 태도를 가장 잘 설명하고 있습니다. 여러분도 운동장에서 잠깐 동안 축구를 해보시기 바랍니다. 얼마 지나지 않아 여러분은 금방 숨이 차서 더 이상 움직이지 못하게 될 것입니다. 그럼 정말 박지성 선수는 외계인처럼 2개의 심장을 가지고 있었을까요?

박지성 선수는 늘 먼저 필요한 곳에 가서 다른 선수들이나 소속 팀에게 도움이 되고자 하였습니다. 박지성 선수는 다른 선수들보다 신체 조건이 좋지 않았기 때문에 한발 먼저 필요한 곳에 있기 위해서는 다른 선수들보다 더 많이 뛰어야 했습니다. 동시에 박지성 선수는 소속팀이 축구 시합에서 승리하기 위해 본인이 골을 넣기 보다는 다른 선수들에게 축구공을 패스하는 경우가 많았습니다. 자신을 내세우기 보다는 자신을 희생하면서 소속팀이 승리하는데 항상 초점을 두어 왔습니다. 이 과정 속에서 박지성 선수는 늘 다른 선수들과 자주 소통한 선수로 알려져 있습니다. 특히 축구는 팀 스포츠이기 때문에 선수간의 소통 그리고 선수와 감독간의 소통은 정말 중요합니다. 박지성 선수의 희생정신과 원활한 소통이 모두에게 인정을 받았기에 2개의 심장을 가진 별명을 갖고 있는 세계적인 선수가 될 수 있었습니다.

Chapter_4
운동과 인체

──── 이 부분에서는 운동과 인체(Human Body)의 관계에 대해 이야기하고 싶습니다. 오래전부터 우리 사회에서는 운동을 하면, 몸이 좋아진다고 생각합니다. 실제로 이 뜻에는 여러 가지 의미가 포함되어 있습니다. 몸이 좋아진다는 의미는 일반적으로 몸이 건강해 진다는 뜻으로 풀이될 수 있습니다. 그런데 여기에서 몸은 주로 육체적인 부분(physical part)을 말합니다. 즉 많은 사람들이

운동을 하면 육체의 부분만 건강해지고 좋아진다고 생각합니다. 우리는 운동이 공부하는 우리들의 스트레스를 날려주고 땀을 흠뻑 흘리고 난 뒤에는 기분을 좋게 만든다고 생각하지만, 그 이상은 생각하지 않는 경우가 대부분입니다.

이는 대한민국 역사를 볼 때 뿌리 깊게 우리 사회 문화에 녹아 있는 유교 사상에 우리의 생각이 영향을 받았기 때문이라고 생각합니다. 또한 유교와 같은 동양 철학뿐만 아니라, 서양 철학에서도 데카르트가 주장한 심신이원론(Body-mind dualism)이 크게 우리 생각에 큰 영향을 미쳐왔습니다. 심신이원론은 고대 그리스의 플라톤 철학에 기초를 두고 만들어진 철학사상입니다. 심신이원론은 명칭에 나와 있듯이, 몸과 마음을 분리하는 생각입니다. 이때 몸은 마음과 비교할 때 낮은 위치에 있다고 생각하는 주장입니다. 조금 어렵게 이야기한다면, 몸은 주체가 아니고 마음이 주체가 되며, 몸은 결과적으로 주체가 아닌 대상이 된다는 생각입니다. 한 가지 더 이야기한다면, 몸은 목적이 아니라 수단이 되는 것이며, 마음이 목적이 되는 것입니다.

청소년 여러분, 다음 그림을 보면서 생각해 봅시다. 그림에도 나와 있듯이, 우리 몸 안에는 뇌(=브레인), 심장, 폐 등의 다양한 요소가 포함되어 있습니다.

  그런데 왜 우리는 몸과 마음이 분리되어 있다고 생각하는 것일까요? 여러 가지 이유와 원인이 있겠지만, 우리도 모르는 사이에 몸과 마음, 문무(文武), 육체와 정신 등의 일상용어가 우리의 생각을 사로잡았다고 봅니다. 또한 앞에서도 이야기했듯이, 우리가 운동을 하게 되면 몸짱이 된다는 이야기를 많이 들었기 때문에 운동은 우리의 정신과 마음과는 관계가 없는 것처럼 생각을 하고 있답니다.

그렇지만, 우리가 조금만 생각해 본다면 우리 몸 안에 '뇌(=정신)' 그리고 '심장(=마음)'등이 함께 있음을 알 수 있습니다. 우리의 몸은 육체, 정신 그리고 마음이 모두 함께 어우러져 각자의 역할을 성실히 수행하고 있는 것입니다. 이는 너무나도 당연한 이야기이지만, 이 당연한 이야기가 '너무나 당연하지 않은 이야기'로 인식되고 있어 안타깝습니다.

이 부분에서는 저자는 또 한명의 대표적인 철학자인 메를로 퐁티가 주장한 심신일원론(Body - mind monism)을 소개하고자 합니다. 메를로 퐁티는 우리의 몸이 단순한 인식의 대상이 아니며, 우리의 몸을 중심으로 생각해야 한다고 설명합니다. 몸은 인간의 생명 그 자체이며, 우리의 인식, 감정, 행동 모두 몸에서 이루어지는 현상입니다.

이는 인간의 생각, 감정, 자세, 몸짓, 행동 등이 우리의 몸을 통해 보여 진다는 점이다. 여기에서 주의할 점은 예전처럼 몸이 마음을 통제한다는 주장 또는 반대로 마음이 몸을 통제한다는 이원론적 접근을 삼가해야 한다는 점이다. 실제로, 몸과 마음이라는 표현은 정확하지 않습니다. 앞에서도 이야기한 것처럼 마음이 몸 안에 있기 때문입니다. 우리가 이야기했던 몸과 마음의 비교는 신체적 부분(physical part)과 정신적 부분(mental part)으로 구분해야 합니다.

실제로 이 2가지는 서로 긴밀히 상호작용을 합니다. 우리 몸의 신체적 부분이 힘들거나 아프면 우리 몸의 정신적 부분도 약해집니다. 예를 들면, 감기몸살에 걸리면 공부를 할 수 없을 뿐만 아니라, 일상생활을 하는데 많은 어려움이 있습니다. 그러나 반대의 경우도 있습니다. 우리 몸의 신체적 부분이 다소 약하더라도 우리 몸의 정신적 부분이 강하면, 우리 몸의 약한 신체적 부분도 보완이 됩니다. 예를 들면, 오래달리기를 하는 경우 심폐지구력이 약한 경우 중도 포기할 수 있습니다. 그러나 다소 심폐지구력이 약하더라도, 끝까지 완주하는 경우도 종종 있답니다. 이를 그동안 우리는 정신력이라고 불러 왔습니다.

따라서 저자는 청소년 여러분들이 '운동과 인체의 관계'를 정확히 이해하고 브레인 체력에 대한 생각을 정리하기 바랍니다.

Chapter_5
미래 인재로 성장하는 길

────── 앞으로 청소년 여러분은 우리나라뿐만 아니라, 글로벌 무대에서 활약할 미래의 인재들입니다. 대한민국은 2018년 국내 총생산(GDP) 규모가 세계 12위를 차지하고 있는 국가입니다. 또한 우리나라는 세계 인적자원 경쟁력지수(GTCI·The Global Talent Competitiveness Index)가 조사 대상 125개국 중에서 30위를 차지하고 있는 국가입니다(매일경제, 2019년 1월 22일자).

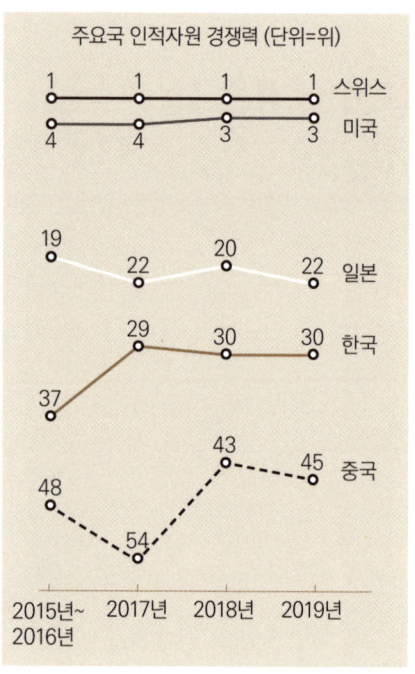

* 자료 _ 인시아드·아데코·타타커뮤니케이션스

　우리나라는 천연 자원이 매우 부족한 국가이기 때문에 오래전부터 국가의 경쟁력을 기르기 위해 인적 자원 개발에 집중해 왔습니다. 즉 우리나라는 교육을 통해 인재 교육에 많은 시간과 노력을 기울이고 있답니다. 그 결과, 대한민국은 가장 짧은 시간에 국가 경쟁력을 빠르게 높인 국가로 전 세계에서 인정받고 있습니다. 이 과정에서 결정적인 역할을 한 것은 대한민국 교육에 대한 투자로 많은 국가 인재를 양성했다는 점입니다.

앞으로도 우리나라는 지속적으로 인재 교육에 집중할 것입니다. 대한민국은 국가 면적이 큰 나라도 아니며, 천연 자원이 많은 나라도 아니기 때문입니다. 우리가 지속적으로 주력해야 할 부분은 인적 자원(human resource) 개발입니다. 그래서 우리나라가 과거부터 '교육'을 중시하여 왔고, 앞으로도 교육을 더욱 강화할 것입니다. 또 하나의 사회적 변화는 대한민국의 출산율이 점점 낮아지고 있다는 점입니다. 이 변화는 대한민국이 앞으로 인재 교육에 더욱 집중할 수 밖에 없는 상황을 더욱 확실하게 보여주고 있습니다.

이와 같은 상황에서 청소년 여러분도 각자 대한민국뿐만 아니라 글로벌 무대에서 활동할 미래 인재로 성장할 수 있는 준비를 해야 합니다. 최근의 세계적 추세는 많은 부문에서 국가 간의 경계가 없어지고 있습니다. 대한민국에서 태어난 인재가 미국, 일본, 중국, 프랑스, 싱가포르 등에서 활동하는 인재도 많습니다. 반대로 외국에서 태어나거나 성장한 인재들이 우리나라에 들어와 눈부시게 활동하는 사람도 많습니다. 또한 어떤 사람은 대한민국에서 30대를 보내고, 40대는 외국에서 활동하는 인재도 있답니다. 옛날처럼 1개 국가에서 태어나 그 국가에서 퇴직할 때까지 사는 시대는 지났습니다. 청소년 여러분이 본격적으로 활동할 시대에는 더욱 빠르게 국가 간의 이동이 활발해질 것입니다.

이 책에서는 청소년 여러분 모두가 대한민국 사회 또는 글로벌 무대에서 활동할 미래 인재로 성장하는데 필요한 내용을 소개하고자 합니다. 청소년 여러분도 미래 인재로 성장하길 꿈꾼다면, 앞에서 소개했던 글로벌 리더가 그랬듯이, 그리고 스포츠스타가 그랬듯이 여러분도 운동을 꾸준히 배우고 참여해야 합니다. 그렇다고 '운동'만 꾸준히 해서는 안 됩니다. 당연히 청소년 여러분이 해야 할 공부를 성실히 하면서, 또한 운동을 꾸준히 해야 합니다. 이 시점에서 청소년 여러분은 학교 공부를 하기도 바쁜데 어떻게 시간을 내서 운동을 하나요?라고 질문을 할지도 모르겠습니다. 운동은 시간이 많아서 해야 하는 것이 아닙니다. 운동은 시간을 만들어 하는 것입니다. 우리가 아무리 바빠도 식사를 하고 잠을 자듯이 운동도 우리 삶에 필수적인 부문입니다. 물론 청소년 시기는 학교 공부가 중요한 시기이므로 어린 아이나 성인들만큼 여가 시간이 많지는 않다는 것을 인정합니다. 그러나 청소년 여러분이 하루 24시간을 체계적으로 관리한다면 하루 운동할 수 있는 최소 30분 이상을 낼 수 있답니다. 여러분이 사용하는 하루 24시간을 분석해 보시길 바랍니다. 아마도 그냥 사용하거나 낭비하는 시간이 상당 부분 발견될 것입니다.

청소년 여러분, 혼자서 하는 운동보다는 여러 명이 같이 하는 운동에 참여하기를 권장합니다. 여러 명이 하는 운동은 혼자서 하는 운동보다 브레인 체력을 더욱 크게 높일 수 있고 운동의 효과가 훨씬 크기 때문입니다. 청소년 여러분이 다른 사람들과 함께 운동할 수 없는 상황이라면, 혼자서 운동에 참여해도 좋습니다. 다만 부득이 혼자서 운동해야 하는 상황이라면 운동을 하는 공간과 상황을 달리하면서 참여하길 바랍니다.

청소년 여러분은 누구나 미래 인재가 될 수 있습니다. 단, 전제 조건이 있습니다. 다음 그림에 있는 내용처럼 모두가 한 방향으로 목표를 설정하고 있다면, 미래 인재가 되는 것은 쉽지 않습니다.

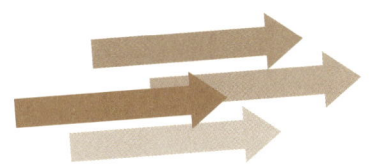

Chapter_5 미래 인재로 성장하는 길

그러나 다음 그림처럼 모두가 각기 다른 방향으로 목표를 설정하고 있다면, 누구나 미래 인재가 될 가능성이 매우 높아질 수 있습니다.

우리 모두가 너무나 잘 알고 있는 내용이지만, 누구나 잘하고 좋아하는 영역이 있습니다. 중요한 것은 이 영역이 모두 각기 다르다는 점입니다. 안타깝지만 많은 대한민국 유소년 및 청소년들은 여러 가지 이유로 인해 자신이 좋아하고 잘하는 영역에 목표를 설정하기 보다는, 주변의 시선 또는 미래 불안 등의 이유로 자신이 좋아하고 잘하는 영역으로 가기를 두려워합니다.

실제로, 누구나 한 방향으로 달리게 되면 1등은 단 1명이지만, 앞의 그림처럼 각기 다른 방향으로 달리면 누구나 1등이 될 수 있습니다. 이 책에서는 여러분에게 1등을 강조하는 것이 결코 아닙니다. 이 부분에서 의미하는 1등은 각자가 좋아하고 잘하는 분야에서 필요한 사람, 즉 각기 다른 분야에서의 '미래 인재'가 된다는 의미입니다. 그렇다면, 이제 청소년 여러분은 어느 쪽으로 달려갈 것인지 생각해 보길 바랍니다. 청소년 여러분이 좋아하고 마음을 기쁘고 신나게 하는 분야가 1개 이상 있을 것입니다. 그 분야를 찾는 것이 미래 인재로 성장할 수 있는 첫걸음입니다. 브레인 체력은 미래 인재로 성장하는 청소년 여러분의 첫걸음을 힘차게 만들어 주는 튼튼한 뿌리가 될 것입니다.

BRAIN FITNESS
브레인 체력

브레인 체력을 소개합니다

Part 2

인간의 브레인 체력은 크게 7대 체력으로 분류할 수 있습니다. 브레인 근력, 브레인 지구력, 브레인 유연성, 브레인 민첩성, 브레인 균형성, 브레인 협응력, 브레인 템포입니다. 그 동안 우리는 신체 부분의 체력만을 생각하여 왔지만, 우리의 몸에 명령을 내리는 우리의 두뇌에도 체력이 있답니다. 지금부터 한번 자세히 알아보도록 합시다.

Chapter_6
브레인 체력

─── 조금 오래된 이야기이지만, 어느 문화 평론가의 월드컵 축구에 관한 이야기가 기억이 납니다. 그 당시 그 평론가는 현대 축구의 진수는 '상상력'이라고 말한 바가 있습니다. 저자는 '상상력'이란 말을 듣고, 이 분의 이야기에 귀 기울여 듣게 되었습니다. 축구와 상상력이라는 용어가 저자의 귀를 쫑긋하게 만들었습니다. 이는 오래전부터 저자는 운동과 창의력(=상상력과 비슷한 용어)의

관계성에 대해서 고민해 왔기 때문입니다(유정애, 2016).

　이 평론가는 요즘 많은 사람들이 축구의 빠른 스피드에 대해서 이야기하지만, 축구에서는 단순히 누가 빠르게 달릴 수 있는가라는 점이 중요하지 않다고 합니다. 축구 스피드의 진정한 의미는 1초 전에 아무 것도 아니었던 공간을 전술적 상황을 더해 의미있는 공간으로 만드는 것이고, 그것이 바로 축구의 창조적인 상상력이라고 볼 수 있습니다(유정애, 2016).

　저자는 이 평론가가 이야기한 내용을 브레인 체력(Brain Fitness)의 한 가지 예시라도 생각합니다. 축구에 대한 사고(thinking)와 기술(skill)이 통합된 것이 축구의 전술적 상상력으로 볼 수 있습니다. 축구 능력은 단순히 축구공을 잘 차고 빨리 달릴 수 있는 능력이 아닙니다. 우리가 박지성 선수에게 상상력을 갖춘 축구 선수로서 또는 리더십을 발휘하는 주장으로서 그를 인정하고 열광하는 이유가 바로 여기에 있습니다. 명품 축구는 체력과 기술뿐만 아니라, 문제해결력, 합리적인 판단력, 팀워크, 의사소통 능력, 의사결정 능력 등이 결합되어 종합적으로 나타납니다. 다른 스포츠도 마찬가지입니다. 창조적 상상력을 포함하여 문제해결력, 합리적 판단력 등의 축구 능력들을 종합하면, 명품 축구, 명품 야구, 명품 수영 등이 될 수 있습니다. 이 능력들은 브레인 체력 요소에서 기존의 체력 요소와 마찬가지로, 브레인 근력, 브레인 지구력, 브레인 유연성, 브레인 민첩성, 브레인 균형성, 브레인 협응성, 브레인 템포 등이 포함되어 있습니다.

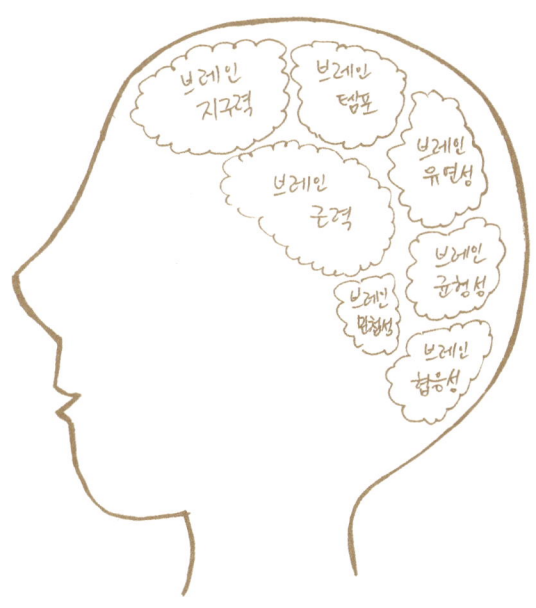

이 브레인 체력 요소는 기존의 체력 요소와 비교하여 적용된 개념입니다. 그동안 우리 사회에서는 실제로 두뇌 활동의 다양성이 존재함에도 불구하고, 학교교육에서는 단순히 두뇌 활동을 지식 습득이라는 낮은 차원에서 인식하는 경향이 많았습니다.

몇 년전에 '운동화를 신은 뇌'(2009)라는 책이 국내에 소개되어 큰 주목을 받은 적이 있습니다. 이 책은 브레인 푸드^(두뇌 활동에 도움이 되는 음식)처럼 운동이 뇌에 긍정적인 효과를 준다는 이야기를 함으로써, 많은 사람들의 폭발적인 관심을 불러 일으켰습니다. 이 책은 운동과 뇌의 기능에 대해서 의학적인 관점으로 대부분의 내용을 소개하고 있습니다. 이는 이 책의 저자가 의사이기 때문에 그렇다고 생각합니다.

일반적으로 우리의 뇌는 대뇌, 중뇌, 소뇌, 간뇌, 연수와 척수로 구성되어 있다고 합니다. 뇌의 각 부위는 각기 다른 고유한 역할과 기능을 수행합니다.

───── 대뇌는 뇌의 바깥쪽 부분에 위치하며, 뇌의 가장 큰 부분을 차지하고 있습니다. 대뇌는 사고, 판단, 추리 등의 고도의 정신 활동을 담당합니다. 중뇌는 안구운동 등 눈에 관련된 활동과 호르몬, 체온, 식욕 등을 조절합니다. 소뇌

는 몸의 근육 운동을 조절하고, 몸의 균형을 유지하는 역할을 합니다. 간뇌는 체온조절, 체액 성분을 일정하게 유지해 줍니다. 연수는 심장박동, 호흡, 소화기관 운동조절 등 생명 유지에 필수적인 활동을 담당합니다. 척수는 운동, 감각, 자율신경이 지나가는 통로로, 뇌의 명령이나 자극에 대한 흥분을 전달하는 역할을 합니다.

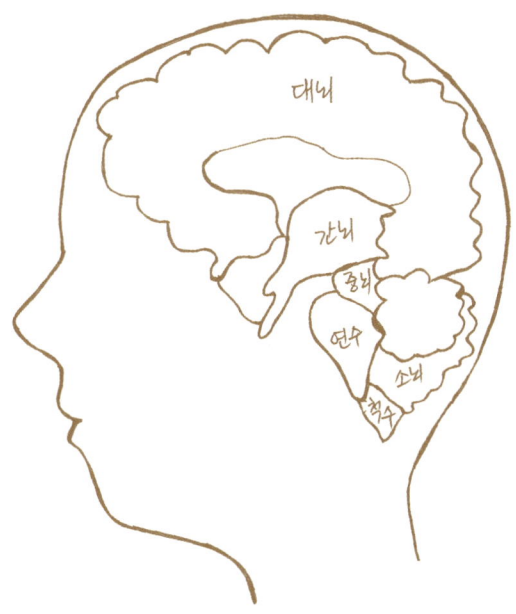

또한 매일경제(2008년 4월 9일자)에서 소개한 '뇌의 신비'란 글에서 '뇌 과학으로 풀어 본 공부 잘하는 비결' 및 '뇌 과학으로 풀어 본 기억력 향상 비법 10가지'를 소개하고자 합니다.

○ 뇌 과학으로 풀어본 공부 잘하는 비결

① 두뇌활동과 학습은 머리를 명석하게 만든다.
② 손을 정밀한 작업에 동원하면 뇌 기능이 개선된다.
③ 오감을 통해 뇌를 자극하면 뇌 능력이 향상된다.
④ 담배와 커피, 씹지 않는 식습관을 피하라.
⑤ 컴퓨터, 휴대전화, 게임을 멀리하라.
⑥ 좌뇌와 우뇌를 고루 사용하면서 생활하라.
⑦ 즐거운 기분과 자율적 태도를 유지하라.
⑧ 잘 먹고 잘 자야 머리가 좋아질 수 있다.
⑨ 아침식사를 꼭 하고 규칙적으로 식사하라.
⑩ 스트레스를 역으로 이용하라.

○ 뇌 과학으로 풀어 본 기억력 향상 비법 10가지

① 한 번에 한 가지 정보만 입력하라.
② 공부한 내용을 질문으로 바꿔 답하라.
③ 내용을 요약해보는 습관을 키워라.
④ 반복해서 읽고 습득하라.
⑤ 학습된 내용을 비교해 뇌를 자극하라.
⑥ 잊어버리기 전에 다시 복습하라.
⑦ 불안감은 저 멀리, 자신감을 키워라.
⑧ 가벼운 스트레칭이나 운동을 병행하라.
⑨ 즐거운 마음으로 공부하라.
⑩ 충분한 수면을 취하라.

이제 저자는 '운동과 뇌의 관계'에 대해 「체육」의 관점으로 이야기하고자 합니다. 이것이 브레인 체력의 탄생 배경입니다. 그동안 많은 사람들은 운동이 뇌를 젊게 하고 혈액 순환을 좋게 하여 우리 몸이 건강해진다고 합니다. 특히 '운동화를 신은 뇌'라는 책에 소개된 것처럼 운동은 우리의 뇌를 젊어지게 함으로써 똑똑해 진다고 합니다. 이 모든 내용에 대해 저자도 전적으로 동의합니다.

그렇지만, 저자는 운동은 우리 뇌에 그 이상의 것을 제공한다고 생각합니다. 운동은 뇌를 젊게 하여 지식이나 정보를 습득하는데 도움을 줄 뿐만 아니라, 그 이상의 것을 제공해 준다고 생각합니다. 결론부터 이야기하면, 운동은 우리의 뇌(=브레인, Brain)에 있는 체력을 강하게 해 줍니다. 우리의 뇌도 우리 몸 안에 있는 인체 부분입니다. 평소 우리가 체력 운동에 집중하는 이유는 지속적인 운동을 하지 않으면 바로 그 순간부터 체력은 바로 감소됩니다. 따라서 운동을 정기적으로 그리고 지속적으로 하지 않는다면 우리의 체력은 금방 약해집니다. 마찬가지로 뇌의 체력, 즉 브레인 체력을 높이거나 유지하고자 한다면 브레인체력 운동을 지속적으로 해주어야 합니다. 우리가 알고 있는 체력의 요소인 근력, 지구력, 유연성, 민첩성, 균형성 등을 각각 지속적으로 훈련하지 않는다면, 자연스럽게 점차 약해지게 될 것입니다.

따라서 운동을 통해 우리의 체력을 길러야 하듯이, 운동을 통해 브레인의 체력도 길러야 합니다. 즉 '생각하는 힘'을 길러야 합니다. 우리가 무작정 우리의 체력을 기르지 않는 것처럼, 우리의 브레인도 계획적으로 체력을 길러야 합니다. 앞에서도 이야기한 바와 같이, 체력의 요소가 여러 가지로 존재하는 것처럼 브레인의 체력도 여러 가지로 구성되어 있습니다.

청소년 여러분은 브레인 체력의 요소를 이해하고 각 브레인 체력 요소에 맞는 노력을 기울여야 합니다.

브레인 체력의 다양한 요소(유정애, 2016)

브레인 체력 요소	브레인 체력 요소 설명
브레인 근력	위기 상황에서도 회피하지 않고 위풍당당하게 도전할 수 있는 능력
브레인 지구력	쉽게 포기하지 않고 지속적인 사고 과정에 참여하는 능력
브레인 유연성	닫힌 사고가 아닌 열린 사고를 가지고 상황에 유연하게 대처하는 능력
브레인 균형성	생각이 한쪽으로 치우치지 않고 '중심'을 잡을 수 있는 능력
브레인 민첩성	자신의 힘을 필요한 시기에 신속하게 사용할 수 있는 능력
브레인 템포	생각 또는 사고 과정을 일관된 흐름으로 유지시킬 수 있는 능력
브레인 협응성	제한적인 지식이 아닌, 다양한 지식을 상황에 맞게 조화롭게 사용할 줄 아는 능력

체력은 원칙이 있습니다. 중요한 점은 그 원칙이 단번에 얻어지는 게 아니라는 점입니다. 체력을 기르려면 정기적으로 꾸준히 운동해야 합니다. 여기에서 2가지 측면이 필수적으로 포함되어야 합니다. 첫 번째는 정기적으로(또는 규칙적으로) 체력 증진에 필요한 운동을 해야 합니다. 예를 들면, 주 3회(월, 수, 금 또는 화, 목, 토) 또는 주 4회(월, 수, 금, 일 또는 화, 목, 토, 일) 등으로 매주 3회 이상의 운동을 수행해야 합니다. 두 번째는 장기적으로 체력 증진에 필요한 운동을 해야 합니다. 이는 1주일동안 주 3회 또는 4회 운동을 실시한다고 해서, 그동안 없었던 체력이 크게 길러지는 것이 아니기 때문입니다. 어느 정도의 장시간을 투자해서 오랫동안 체력 운동을 실시해야 체력 운동의 효과를 거둘 수 있습니다. 우리 마음은 누구나 1주일 정도 체력 운동을 하고, 튼튼한 몸짱을 만들고 싶습니다. 정말 꾸준히 뭔가를 한다는 것은 쉬운 일이 아닙니다. 그러나 우리의 마음과 달리 몸짱이 되려면, 다소 운동하기 싫어도 꾸준히 참여를 해야 합니다.

브레인 체력도 마찬가지입니다. 브레인의 다양한 체력 요소가 존재하듯이, 브레인의 각각 체력 요소를 정확히 이해하고 이 요소를 체계적으로 길러야 합니다.

Chapter_6 브레인 체력

BRAIN FITNESS
브레인 체력

Chapter_7
브레인 근력

——— 체력의 요소 중 근력이 있습니다. 근력(Muscular Strength)은 일반적으로 「근육의 힘」이라고 정의됩니다. 근력은 우리의 몸 전체 또는 일부가 한 번에 뿜어낼 수 있는 힘을 말합니다. 우리 몸의 힘은 정말 중요합니다. 우리 몸에 힘이 없거나 약하면 우리는 아무것도 할 수 없습니다. 그렇기 때문에 몸의 힘이 강하면 약한 것보다 훨씬 이로운 점이 많습니다.

브레인 근력은 뇌의 생각하는 힘을 말합니다. 조금만 구체화해서 이야기한다면, 브레인 근력은 일상생활뿐만 아니라 위기 상황이나 어려운 상황에 닥치더라도 도망가지 않고 위풍당당 맞설 수

있는 힘을 말합니다. 동일한 상황에 처해 있을 때, 브레인 근력이 강한 사람은 그 상황을 피하지 않습니다. 반면에, 브레인 근력이 약한 사람은 어떻게 하든 그 상황을 피하려고 합니다.

다른 방향으로 브레인 근력을 설명한다면, 브레인 근력이 약한 사람은 결단력이 부족하게 됩니다. 우리가 흔히 이야기하는 '결정 장애(또는 선택 장애)'가 되기 쉽습니다. A를 해야 할지, 말아야 할지 아니면, B로 가야 하나? C로 가야 하나? 등등의 고민만 하다가 중요한 타이밍을 놓치는 사람을 말합니다.

이들은 결국 아무것도 하지 못하는 사람으로 인식되기 쉽습니다. 결국 브레인 근력이 약한 사람은 자신감이 없는 사람으로 보일 수 있습니다. 반면, 브레인 근력이 강한 사람들은 실패나 실수를 두려워하지 않기 때문에 힘차게 행동하거나 앞으로 쭉쭉 나아가는 경향이 높습니다.

우리는 각자 처한 환경에서 사람들과 함께 일을 하며 살게 됩니다. 물론 일부 사람들은 다른 사람들과 함께 일을 하기 보다는 혼자 일을 하는 경우도 있습니다. 그러나 대부분의 사람들은 다른 사람들과 함께 일을 해야 합니다. 다른 사람들과 함께 일을 해 나가는 과정 속에서 브레인 근력이 강한 사람들은 일을 거침없이 쭉쭉 밀고 나갈 수 있답니다. 이런 특성으로 인해 브레인 근력은 강력한 리더십 또는 추진력으로 생각할 수 있습니다. 이는 브레인 근력을 갖춘 사람은 거침이나 주저함이 없이 앞으로 힘 있게 쭉 나아가는 경향이 있기 때문입니다. 브레인 근력의 특징은 '이끎'(leading)의 의미를 가지고 있습니다. 브레인 근력이라는 강력한 힘을 갖고 있기 때문에, 앞으로 누군가를 또는 무엇인가를 이끌 수 있습니다.

우리는 주변에서 함께 걸어가거나 함께 어디를 이동할 때, 걸음걸이의 보조를 맞추지 않고 한참 앞서서 걷는 사람들을 보았을 것입니다. 이들은 다리 부분의 근육이 강하기 때문에 걸음걸이에 강한 파워가 있음을 보여줍니다.

브레인 근력도 마찬가지입니다. 브레인의 가장 기본적인 힘으로, 뭔가 동력(動力)이 있다는 의미입니다. 동력은 힘을 이용하여 물체를 한 곳에서 다른 곳으로 이동시키는 것을 말합니다. 청소년 여러분 2018년 평창올림픽 때 '영미, 영미, 영미~~~'로 전 국민의 많은 인기를 모았던 컬링(curling) 스포츠를 기억하나요? 컬링의 스톤(stone, 돌)을 강하게 치면, 얼음을 빠르게 미끄러지면서 대한민국 스톤이 상대팀 스톤을 강하게 밀어내었던 장면을 기억할 것입니다. 이 장면은 근력을 가장 잘 보여주고 있답니다. 간혹 대한민국 팀이 강한 힘으로 상대팀의 스톤을 밀어내는 것이 아니라, 전술적으로 필요해서 원형 표적인 하우스(house)에 살포시 대한민국 스톤을 넣으려고 했던 적을 기억하실 것입니다. 이는 이후의 기회를 잡기 위한 경기 전략입니다. 기회가 왔을 때 대한민국 컬링의 스톤을 강하게 밀어 치게 되면, 상대팀 스톤이 하우스 밖으로 빠르게 나가게 됩니다. 이 예시는 브레인 근력을 설명하고 있습니다.

또한 브레인 근력은 맷집이 좋은 특성을 가지고 있습니다. '맷집이 좋다'라는 의미는 여러 가지 어려움이 있어도 끄떡하지 않는 능력을 뜻합니다.

우리 주변에는 어떤 일을 추진하다가 여러 가지 어려움에 직면하거나 주변의 질타 또는 비판을 받게 되면, 쉽게 포기하는 경우가 있답니다. 이와 달리 어떤 사람은 주위의 비판이나 공격이 지속적으로 가해짐에도 불구하고 자신의 의지를 끄떡없이 실행해 나가는 사람이 있습니다. 후자의 경우를 '맷집이 좋다'라고 합니다.

이처럼 브레인 근력은 우리의 생각이 주변이나 다른 요소에 의해 흔들리지 않는 '생각의 근육'임을 알 수 있답니다. 브레인 근력은 주변에서 '틀렸다', '잘못되었다', '다시 생각해보라', '쉽게 가는 방법도 있는데, 굳이 왜 어려운 길을 선택하는가?' 등의 이야기를 할 때, 흔들리지 않는 생각의 힘입니다.

청소년 여러분, 어렸을 때 들었던 '아기돼지 삼형제' 동화를 기억하시나요? 브레인 근력은 짚이나 나무로 짓은 집이 아닌, 벽돌로 지은 집으로 생각하면 됩니다. 짚이나 나무로 지은 집은 튼튼한 집이 아니기 때문에, 늑대가 불었던 바람으로 집이 금방 무너져 버렸습니다.

그러나 벽돌로 지은 집은 튼튼해서 늑대의 바램대로 어떤 강한 바람에도 날라 가지 않게 되어 아기 돼지 삼형제의 생명을 지킬 수 있었습니다. 이처럼 브레인 근력은 우리의 생각 근육을 튼튼하게 만들어 줍니다.

Chapter_8
브레인 지구력

─────── 두 번째 브레인 체력 요소로 브레인 지구력이 있습니다. 체력(Physical fitness) 중에서 지구력(endurance)는 오랜 시간 지치지 않고(또는 피로감을 느끼지 않고) 특정 일(또는 업무)을 계속 할 수 있는 힘을 말합니다. 근력과 비교하여 설명한다면 근력은 제한적인 시간 내에서 만들어내는 '힘의 크기'를 말한다면, 지구력은 오랫동안 힘을 지속적으로 만들어낼 수 있는 '힘의 기간'을 말합니다.

즉 브레인 근력은 '힘의 크기'로 강한 힘을 목표로 한다면, 브레인 지구력은 '힘의 지속성'으로 장시간의 힘을 목표로 합니다.

100m 세계 기록
(9.58초)

단거리 달리기
(순간적으로 빨리 달릴 수 있는 능력)

4.195km 마라톤
세계기록
(2시간 1분 39초)

장거리 달리기
(오랫동안 달릴 수 있는 능력)

우리가 생활하면서 어떤 일을 할 때 순간적으로 발휘하는 힘도 중요하지만, 한번 또는 두 번에 그치지 않고 매일 매일 수행해야 하는 일도 많습니다. 여러분은 작심삼일(作心三日)이라는 말을 들어보았을 것입니다. 작심삼일은 결심한 마음이 3일을 가지 못하고 느슨하게 풀어져서 결국 실천 내용을 포기하게 되는 것을 의미합니다. 새해가 되거나 새로운 시작점에 서 있을 때 우리는 '실천 계획'을 세우고, 이번에는 반드시 중간에 포기하지 않고 실천하겠다는 생각을 하게 됩니다. 그러나 안타깝게도 대부분의 사람들은 원래 계획과 달리 이 실천 계획을 끝까지 완수하지 못하는 경우가 종종 있답니다. 바로 브레인 지구력이 작심삼일에 영향을 미칠 수 있습니다. 브레인 지구력은 우리가 결심한 마음에 영향을 미치는 우리의 뇌를 강하게 만들어 줍니다.

청소년 여러분, 우리의 마음이 몸 왼쪽 부위에 있는 것이 아니라는 것을 아실 것입니다. 우리는 관습적으로 우리의 마음을 이야기할 때 우리의 심장이 있는 왼쪽 가슴 부위에 손을 가져가게 됩니다. 우리의 심장이 우리의 마음이 아니라는 것을 여러분도 아실 것입니다. 그렇다면 우리의 마음은 어디에 있나요? 우리의 마음은 우리의 뇌 안에 있답니다.

우리의 뇌가 마음을 만드는 공장이라고 생각하면 됩니다. 우리의 마음은 우리의 뇌가 만들어내는 '의식' 또는 '의지'라고 보면 됩니다. 의지가 쉽게 꺾이지 않으려면, 끈기가 있어야 한다는 이야기를 합니다. 즉 우리가 결정한 마음이 오랫동안 지속되려면 끈기가 있어야 한다는 의미입니다. 브레인 지구력은 끈기로 볼 수 있습니다. 브레인 지구력은 포기하지 않고 오랫동안 어떤 일에 몰두할 수 있는 힘을 말합니다.

어른들은 자주 우리들에게 공부를 잘하려면 '엉덩이가 무거워야 한다'라는 말씀을 자주 하십니다. 이 말씀을 풀이하면, 실제로 엉덩이 무게가 무겁다는 뜻이 아니라, 한 곳에만 오랫동안 집중을 해야 한다는 뜻입니다. 실제로 이 곳 또는 저 곳에 관심을 갖게 되면 우리의 뇌는 산만해지게 되어 제대로 힘을 발휘하지 못하게 되는 경우가 종종 있습니다. '우물을 파도 한 우물만 파라'라는 속담과 유사한 의미입니다. 실제로 TV프로그램인 '생활의 달인'이나 '성공시대'에 나오는 분들을 보면, 수 십년동안 한 분야에 집중을 해서 부단한 노력을 기울인 공통점이 있습니다. 이들은 조금 어렵다고 남이 알아주지 않는다고, 혹은 돈을 많이 벌 수 없다고 그만 둔 사람들이 아닙니다. 자신의 위치에서 무언

가를 성취하려면, 한 우물을 파야 하는 끈기가 필요합니다. 즉 브레인 지구력이 필요합니다. 이 브레인 지구력은 하나의 일을 지속적으로 할 수 있는 힘을 말합니다. 이는 공부와 운동 모두 포함됩니다.

그러나 실제로 우리 주변을 보면, 브레인 지구력이 많이 부족한 청소년들이 많습니다. 어떤 분야에 금방 싫증을 내거나 힘들다고 포기하는 청소년들이 종종 보입니다. 다방면에 흥미와 관심을 보이는 청소년들이 상당수 많이 있는 반면, 안타깝게도 한 분야에 긴 호흡을 가지고 탐색과 분석 등의 장기전에 임하는 청소년들은 많지 않습니다.

일부에서는 청소년들에게 한 곳에만 너무 몰두하지 말고 다양한 부문에 관심을 갖고 자신의 적성이 어디에 맞는지 탐색하는 기회를 가져야 한다고 이야기합니다. 물론 이 주장은 옳은 이야기입니다. 이 주장은 적지 않은 청소년들이 자신의 적성을 심층적으로 파악하지 않은 채 남들이 많이 하거나 겉으로 보기에 멋있어 보이는 분야에 쏠리는 현상을 우려하는 입장에서 나온 이야기입니다. 그러나 이 주장을 잘못 활용하는 청소년들도 많은 것 같습니다. 관심 분야에 어느 정도 시간을 투자하여 자신의 적성에 맞는 지 신중하게 결정해야 함에도 불구하고, 잠깐 해보고 금방 이 쪽은 내 적성과 맞지 않는다고 다른 쪽으로 관심을 이동하는 경우가 종종 있습니다. 이렇게 되면, 여러분 인생의 귀한 시간을 이쪽, 저쪽 조금씩 경험하다가 낭비하게 될 것입니다.

 이런 의미에서 브레인 지구력은 미래의 꿈을 찾은 후, 꿈을 달성하기 위해 끝이 보이지 않는 먼 길을 묵묵히 걸어갈 수 있는 힘을 말합니다. 최근에는 브레인 지구력이 과거와 비교할 때 제대로 브레인 지구력을 기르기가 정말 어렵습니다. 그것은 우리의 생활환경이 너무 빠르게 변화하고 있기 때문입니다. 우리들은 한 걸음 한 걸음 정확히 디디며 길을 걷기 보다는, 남들보다 빨리 길을 걷거나 뛰어가기를 희망합니다. 그러다 보니 우리들은 한 곳에 집중해서 다소 느리거나 남들보다 앞서지 못하면 초조함이나 불안감을 느끼게 됩니다. 그러나 분명한 것으로 자신의 분야에서 전문가로 성공한 사람들이나 자신의 일에 만족을 하며 행복을 느끼는 사람들은 빨리 길을 걷거나 뛰어간 사람이 아니라, 제대로 한 걸음 한 걸음 길을 걸었던 사람임을 꼭 기억하길 바랍니다.

Chapter_9
브레인 유연성

─── 브레인 체력에는 브레인 유연성도 있답니다. 브레인 유연성은 '생각의 유연성'으로, 생각의 폭(=넓이)을 의미합니다. 유연성의 원래 뜻은 인체 관절의 가동 범위, 즉 우리 인체 부위가 활동할 수 있는 영역의 넓이를 말합니다. 우리가 단순히 팔과 다리의 유연성을 생각해 본다면, 유연성이 크게 중요하게 생각되지 않습니다. 팔과 다리의 유연성이 없다고 해서 우리의 일상생활에 큰 지장을 주지 않기 때문입니다. 그러나 팔과 다리의 유연성은

일부 스포츠(예: 태권도, 피겨 스케이팅 등)의 경우 매우 중요한 요소가 됩니다. 청소년 여러분 TV나 경기장에서 태권도 또는 피겨 스케이팅을 관람할 때, 팔과 다리의 유연성이 좋은 사람과 그렇지 않은 사람의 퍼포먼스를 비교해 보기 바랍니다. 당연히 팔과 다리의 유연성이 좋은 사람이 그렇지 않는 사람보다 공격을 더욱 잘 할 수 있고, 보다 아름다운 동작을 만들어 낼 수 있습니다. 태권도의 경우 다리의 유연성이 있으면 앞차기를 더욱 강하게 할 수 있습니다. 다른 운동에서도 온몸의 유연성이 갖추어지면 더욱 우아하고 멋진 동작을 만들 수가 있습니다.

유연성은 스포츠경기에서 큰 빛을 발휘하는 것처럼, 일상 생활에서도 큰 역할을 합니다. 다음의 그림을 보면서 일상 생활에서의 유연성 역할을 생각해 봅시다. 다음 그림에 2개의 예시(A와 B)가 제시되어 있듯이, 동일한 높이의 시야지만 시야의 범위가 다를 경우 우리가 눈으로 확인할 수 있는 넓이가 확연히 다릅니다. 여러분의 눈으로 직접 확인해 보아도 (A)보다 (B)의 시야가 훨씬 넓음을 알 수 있을 것입니다.

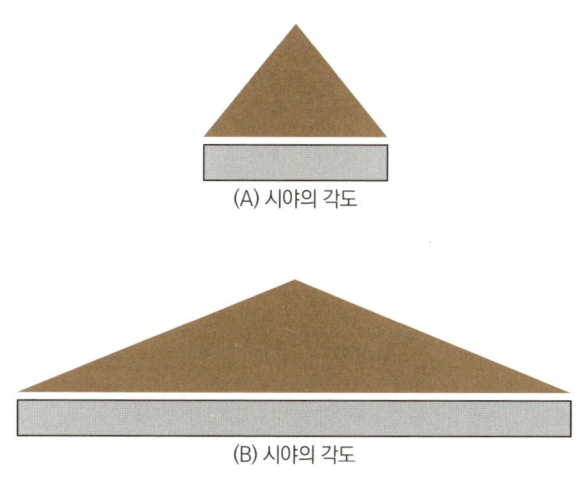

〈시야의 각도〉

시야가 넓다는 의미는 단순히 좁고 넓음의 차이가 아닙니다. 시야가 넓은 사람은 시야가 좁은 사람보다 더 많은 정보를 얻고, 보다 많은 사물을 관찰 및 분석할 수 있는 힘을 갖게 되는 것입니다. 즉 브레인 유연성은 우리의 생각의 폭(=넓이)을 넓힐 수 있음을 의미합니다. 생각의 넓이가 상대적으로 넓기 때문에, 생각의 방식이 1가지 방식이 아니라 여러 가지 방식으로 이루어질 수 있습니다. 시야가 넓은 사람은 어떠한 상황에 처해있거나 어려움을 만났을 때 효율적으로 대처할 수 있는 힘을 갖게 됩니다.

브레인 유연성이 갖고 있는 또 하나의 의미는 융통성을 갖고 있다는 점입니다. 여러분은 고무줄의 특성을 알고 있으리라 생각됩니다. 고무줄은 탄성을 가지고 있습니다. 고무줄은 길이가 늘어날 수도 있고 다시 원래 자리로 돌아올 수도 있습니다. 이는 상황에 따라 고무줄을 늘려 사용하기도 하고, 반대로 길이를 늘리지 않고 원래 길이의 고무줄을 사용할 수도 있습니다.

이렇게 생각해 봅시다. 한쪽에서 이동할 때 어느 길로 가야할지 고민되는 상황을 생각해 봅시다. 한쪽 길은 거리가 짧지만 가파른 계단이 있어 이동하기 어렵습니다. 다른 길은 거리가 멀지만 계단이 없어 걸어가기가 훨씬 쉽답니다. 무릎이 약한 사람의 경우 지름길로 이동하기 위해 매우 가파른 계단을 반드시 무리하게 넘기(=원칙을 고집하기)보다는 시간이 걸리더라도 계단이 없는 길을 돌아가는 방법이 적합할 수 있습니다. 길을 함께 걸어가는 많은 사람의 무릎이 튼튼하지 않다면, 계단이 없는 길이 최선의 선택이 될 것입니다. 결론적으로 브레인 유연성은 상황에 맞게 생각을 할 수 있는 힘을 말합니다.

브레인 유연성은 반드시 단 하나의 해결책만을 찾기 보다는, 상황이나 주변 환경에 따라 다른 해결책을 찾는 능력을 말합니다. 상황이나 주변 환경에 따라 다른 해결책을 찾을 수 있는 원천은 브레인이 유연하기 때문에 우리의 생각이 열릴 수 있습니다. 생각이 열려있다는 것은 새로운 것을 우리의 뇌 안으로 들여보내거나 반대로 기존의 것을 뇌 바깥으로 내보낼 수 있음을 의미합니다. 집 안의 바람을 통하게 하려면, 한쪽의 창문만 열어서는 안 되며 다른 쪽의 창문도 함께 열어야 하는 것과 마찬가지 원리입니다.

(한쪽 창문이 있는 경우)

(양쪽 창문이 있는 경우)

　브레인 유연성은 어떤 일을 추진함에 있어 똑바른 길을 가기보다는 곡선이나 지그재그 또는 사선 모양의 길을 갈 수 있도록 합니다. 기존의 없던 길을 만들어서 새로운 길을 첫 번째로 내딛는 상황을 만들기도 합니다. 결론적으로 브레인 유연성은 기존의 방식이나 행동을 무의식적으로 실천하기 보다는, 한번쯤 또는 가끔 익숙하지 않은 방식이나 행동으로 무엇인가를 도전해보기도 합니다.

청소년 여러분은 브레인 유연성을 마치 부드러운 빵을 만지는 느낌처럼 말랑말랑한 것으로 기대했다면, 너무 브레인 유연성을 낮게 평가하는 것입니다. 미래 사회에서 브레인 유연성은 브레인 근력과 브레인 지구력 못지 않은 중요한 브레인 체력 요소가 될 것임을 기억하길 바랍니다.

중국의 학자인 '노자'는 도덕경에서 "부드럽고 약한 것이 딱딱하고 강한 것을 이긴다(柔弱勝剛强:유약승강강)"라고 말씀하셨답니다. 그만큼 세상을 살면서 때로는 부드러운 유연성이 강한 근력이나 강한 지구력보다 더 큰 영향을 미칠 수 있다는 것입니다.

Chapter_10
브레인 균형성

───── 또 하나의 브레인 체력 요소는 브레인 균형성입니다. 균형성에 대해서는 여러분이 이미 알고 있으리라 생각됩니다. 균형성은 어느 한쪽으로 기울거나 치우치지 않음을 의미입니다.

우리는 일상생활을 하면서 균형이 깨진 생활 또는 행동을 많이 하곤 합니다. 머리로는 알면서도 이를 바꾸는 것은 쉽지 않습니다. 예를 들면, 우리는 균형적인 식사를 해야 한다고 알고 있지만 좋아하는 튀김 음식이나 치킨을 쉽게 줄이지 못합니다. 균형적인 자세가 우리의 건강이나 학업에 도움이 된다는 것을 알지만, 의자에 앉아 있을 때나 걸어갈 때 자꾸 자세가 구부정하거나 비뚤어진 상태가 됩니다. 또한 우리들은 다양한 분야의 책을 읽어야 함에도 우리가 좋아하는 분야의 책만 골라 읽게 됩니다.

  우리는 일상생활에서 자주 깨어지는 균형성을 인식하고, 여러 가지 방법을 고민함으로써 균형성을 되찾으려고 노력합니다. 브레인 균형성은 우리의 생각이 어느 한쪽으로 기울지 않고 '중심'(中心)을 잡음으로써 우리의 생활이 균형을 잡을 수 있도록 도와줍니다.

브레인 균형성은 여러 사람들이 서로 논쟁을 하거나 의견이 다를 때 어떻게 균형감 있는 생각을 할 수 있느냐에 따라 결정됩니다. 균형성의 본질적인 의미는 양극단의 가운데에 위치한다는 의미가 아닙니다. 대다수의 사람들은 균형성을 떠올리면, 저울 또는 시소 등을 생각합니다. 즉 우리는 균형성을 생각할 때 양쪽의 무게가 정확히 동일한 무건을 떠오르게 됩니다.

그러나 실제로 우리가 주변에서 균형성에 관한 사물이나 현상을 찾아보면, 우리의 기존의 생각과는 조금 다른 특성이 있음을 알 수 있습니다. 길에서 즐기는 보드 타기를 할 때 우리의 몸은 '길의 상태'에 따라 다양한 동작을 만들게 됩니다. 예를 들면 길이 평평할 때 또는 길이 구불구불할 때의 보드 타기 동작은 달라집니다. 또한 아래의 돌탑 그림을 보면, 서로 각기 다른 모양과 크기의 돌들이 오묘하게 균형을 잡고 있음을 확인할 수 있습니다.

스포츠상황을 구체적으로 살펴볼까요? 서핑, 볼링, 피겨스케이팅, 사이클 등은 바닷물, 얼음, 마루바닥, 경사진 벨로드롬 경기장 등의 다양한 환경에서 각기 다른 자세로 균형을 잡고 있음을 확인할 수 있습니다. 이 스포츠들이 우리한테 주는 교훈은 인체의 균형성은 획일화된 하나의 모습이 아니라, 상황과 환경에 따라 적합한 균형적인 모습이 만들어진다는 점이다.

Chapter_10 브레인 균형성

다만 스포츠활동에서 보여지는 균형성의 공통적인 특성은 중심을 잡고 있다는 점입니다. 이들은 부단한 훈련과 연습을 통해 특정 스포츠동작이 흐트러지지 않고, 본인에게 가장 이상적인 균형을 잡고 있음을 알 수 있습니다. 이는 우리에게 많은 시사점을 제공해 주고 있습니다.

우리는 일상생활에서 의사결정을 하기 위해 많은 생각을 하곤 합니다. 우리가 좋아하는 연예인이나 유명인의 특정 행동에 대해 인터넷 댓글로 '좋아요'와 '싫어요'가 아주 뚜렷하게 생각을 가르는 경우가 종종 있습니다. 이 양극단의 존재하는 2가지 의견을 보면서, 우리는 한쪽 편을 무조건 찬성하기 보다는 양쪽의 생각과 주장을 객관적으로 바라볼 필요가 있습니다. 이와 같은 태도를 이 책에서는 '브레인 균형성'이라고 부르고자 합니다.

브레인 균형성은 조금 어려운 용어이지만, 정반합(正反合)으로 다시 설명하고자 합니다. 정반합은 철학에서 나온 용어로, 기본적인 구도는 ①과 ②의 주장이 전혀 다를 때, 서로 다른 주장의 충돌을 통해 ①과 ②는 사라지고 새로운 ③으로 생각이 정리된다는 뜻입니다. 즉, ①이라는 판단이 ②의 판단과 부딪힐 때 ①과 ②의 판단을 종합한 ③이라는 판단이 만들어진다는 의미입니다.

따라서 이 책에서 의미하는 브레인 균형성은 정반합으로, 우리의 생각은 어느 특정 분야에 쏠리기 보다는 다양한 입장 또는 의견을 파악한 후 자신만의 확고한 입장을 정리할 수 있어야 합니다. 다만 자신의 확고한 입장은 기존의 입장보다 발전된 형태의 입장이 되어야 함을 기억해야 합니다.

Chapter_11

브레인 민첩성

───── 브레인 체력 중의 하나는 브레인 민첩성입니다. 민첩성은 힘을 자유자재로 빠르게 사용할 수 있는 능력을 의미합니다. 그렇다면, 민첩성은 근력과 어떤 차이가 있을 까요? 아마 여러분은 민첩성이란 용어를 들었을 때, 민첩성의 의미는 알겠지만 근력과는 어떠한 관계가 있는 것인지 아마 많이 궁금하였을 것입니다. 근력과 민첩성을 비교한다면, 근력은 한 번에 뿜어 낼 수 있

는 힘의 크기를 말한다면, 민첩성은 신속하게 힘을 사용하면서 동시에 자유롭게 힘의 크기를 조정할 수 있는 능력을 의미합니다. 다음 사진의 코끼리와 치타를 비교해 보면, 여러분은 근력과 민첩성의 차이를 쉽게 이해할 수 있을 것입니다.

코끼리는 엄청난 몸의 크기에서 볼 수 있듯이, 코끼리의 힘은 어마어마합니다. 반면, 치타는 힘의 크기로 본다면 코끼리를 이길 수 없지만 치타는 코끼리와 달리 몸을 빠르게 이리저리로 옮기면서 사용할 수 있습니다. 이 부분에서 여러분이 치타가 코끼리보다 훨씬 훌륭한 동물이라고 혹시 생각하면 곤란하겠죠!!! 우리 모두가 그러하듯이, 동물들도 각자의 장점이 있습니다.

민첩성은 어떤 점에서 우리의 일상생활과 연결되어 있을까요? 손님이 빼곡한 식당에서 주문을 받으러 온 식당 주인에게 무엇을 주문해야 할지를 고민하고 있다면, 어떤 일이 벌어질까요? 비빔냉면을 먹어야 할지, 물냉면을 먹어야 할지를 결정하지 못해 주저하고 있다면, 길게 대기하고 있는 다른 손님들이 여러분을 어떤 눈으로 바라볼지 굳이 여기에서 밝히지 않아도 될 것 같습니다. 또한, 매일 공부만 하다가 단 하루의 휴일을 맞이하였을 때 하고 싶은 일이 너무 많아 고민만 하다가 시간을 낭비한 적이 있을 것입니다. 이것도 하고 싶고 저것도 하고 싶은 마음에 머리만 긁다가 짜증났던 일들이 종종 있었을 것입니다.

여러분은 이와 같은 일들을 브레인 근력(결정 장애 또는 선택 장애)의 부족으로 생각할지 모르겠지만, 저자는 이와 같은 현상을 브레인 민첩성의 부족이라고 생각합니다. 예를 들면, 본인한테 주어진 단 하루의 휴일을 어떻게 알차게 보내야 할지를 생각해 본다면 사실 그렇게 어려운 일을 아닙니다. 평소에 하고 싶었던 일을 잠깐 기억을 더듬어 목록을 만들어보고, 단 하루 동안 이동 거리와 경비 등을 고려하여 가능한 일을 결정하면 됩니다.

브레인 민첩성의 이해를 돕기 위해 한국문화 중의 대표적인 '빨리빨리'라는 것을 비유로 이야기하고 싶습니다. 실제로 우리 사회에서는 '빨리빨리' 문화에 대해서 긍정적인 눈과 부정적인 눈으로 바라보는 양쪽의 눈이 동시에 존재합니다. 한국인이 갖고 있는 '빨리빨리' 문화는 '제한되어 있는 시간 속에서 최선의 결과'를 얻기 위한 사회 운동(social movement)이라고 보고 싶습니다. 즉 브레인 민첩성이 추구하는 모습은 우리의 능력을 신속하게 한 번 보여주고 끝나는 것이 아니라, 필요한 상황에 닥쳤을 때 주저하지 않고 자신의 능력을 100% 이상으로 발휘할 수 있는 능력을 의미한다.

어떤 사람들은 100정도의 능력을 갖고 있지만, 이 능력을 사용할 시기가 왔을 때 여러 가지 이유로 80 정도의 능력만 보여주지 못하는 경우가 있습니다. 반대로 어떤 사람들은 앞의 사람과 동일하게 100정도의 능력을 가지고 있지만, 130정도의 능력을 발휘하는 사람이 있답니다. 이와 같이 동일한 능력을 가진 2명의 사람이 서로 다른 결과를 가져온 결정적인 차이는 타이밍(timing)이라고 봅니다.

 그렇다면 타이밍이 무엇일까요? 티이밍을 설명하기 위해 우리가 일상생활에서 흔히 자주 경험하는 타이밍의 중요성으로 예시 2가지를 들고자 합니다. 하나는 인사의 타이밍이고, 다른 하나는 사과의 타이밍입니다. 선생님에게 어떤 도움을 받았을 때 직접 찾아뵙고 감사의 인사를 해야 함에도 불구하고, 바로 인사를 하지 못하는 경우가 있습니다. 그런데 당장 인사할 수 있는 시간이 전혀 나지 않는 경우, 우리들은 마음속으로 다음에 시간을 내서 인사를 해야지 하고는 선생님에게 아무런 연락을 하지 않는 다고 합시다. 그 선생님은 도움을 준 사람이 어떤 상황인줄 모른 상태에서 연락이 없으면, 얼마나 그 사람에 대해서 실망하고 때로는 서운한 마음이 들 것입니다. 이때 도움을 받은 사람이 직접 찾아뵙지 못한 상황을 전화 통화, 전화 문자, 카톡 등으로 설명을 했더라면, 해당 선생님은 그 상황을 충분히 이해하실 것입니다. 그런데 간혹 우리 주변에서는 선생님이 바쁘니까 나중에 연락을 드

려야지라는 어설픈(?) 배려로 오히려 큰 실수를 저지르는 경우가 있습니다.

두 번째는 사과의 타이밍입니다. 우리는 누구나 실수를 합니다. 누구나 실수를 할 수 있지만, 누구나 실수에 대한 사과를 하는 것은 아닙니다. 우리는 실수를 한 후, 미안한 마음을 가지고 사과를 하고픈 마음이 절실하게 있지만 상대방에게 미안한 마음으로 두려움과 떨림으로 사과의 타이밍을 놓치는 경우가 있답니다. 이 타이밍을 못 잡고 우물쭈물하다 사과를 못하고, 오히려 그 상황을 악화시키는 경우가 종종 있답니다. 두렵고 떨리는 마음으로 사과를 했다가 상대방에게 이해 또는 용서를 받기 보다는 상황을 더욱 악화시킬 까봐 차마 사과의 입을 떼지 못하는 경우가 있습니다.

이 경우를 초래한 원인은 타이밍을 놓쳤기 때문입니다. 그러면 타이밍은 어떻게 놓치지 않고 잡을 수 있을까요? 안타깝게도 이 타이밍은 우리가 예측할 수 없답니다. 미리 예고되는 것이 아니며, 모두에게 비슷한 시점에 오는 것이 아니기 때문입니다. 타이밍은 생방송으로 보면 됩니다. 녹화방송과 달리 생방송은 방송 도중에 어떤 일이 벌어질지 모릅니다. 만약 어떤 사건이 터지면 임기응변으로 이 사건에 민첩성으로 대응해야 합니다. 인생의 타이밍도 마치 생방송처럼 여러분에게 언제 다가올지 모릅니다. 그럼 어떻게 평상시에 타이밍을 준비해야 하는 것인지 생각해 봅시다.

결론적으로, 브레인 민첩성은 힘(strength 또는 power)과 타이밍(timing)의 조화롭게 결합된 산출물이라고 생각합니다. 브레인 민첩성은 자신의 능력을 필요한 시기에 신속하게 전환할 수 있는 능력 또는 자신의 힘을 필요한 상황에 빨리빨리 사용할 수 있는 능력으로 설명할 수 있습니다. 따라서 브레인 민첩성의 경우에는 자신의 힘을 크게 기르고 동시에 타이밍을 판단할 수 있는 능력도 함께 길러야 합니다. 조금 어렵게 이야기한다면, 브레인 민첩성에서는 '힘'과 '타이밍' 중에 우선순위를 가늠할 때 힘보다는 타이밍이 더 중요합니다. 힘은 힘의 크기로 수준 또는 등급으로 나눌 수 있지만, 타이밍은 어떤 수준 또는 등급으로 구분할 수 없는 속성을 가지고 있기 때문입니다. 즉 타이밍은 '타이밍을 잡았다' 또는 '타이밍을 놓쳤다'라는 2개만 존재하기 때문입니다. 늦은 타이밍 또는 반대로 빠른 타이밍은 존재하지 않습니다. 우리는 대화를 할 때 마다 '타이밍이 늦었다'라고 말을 하곤 하지만, 이 뜻은 '타이밍을 놓쳤다'는 의미입니다. 반대로 '타이밍이 빠르다'라는 말도 가끔 우리가 사용합니다. 이는 '타이밍을 잡았다'는 뜻입니다.

이는 여러분 중에 브레인 민첩성을 기르기 위해 힘과 타이밍을 모두 동시에 집중할 수 없다면, 우선적으로 어떤 부분을 선택해서 그 부분에 집중을 해야 하는지를 말해줍니다.

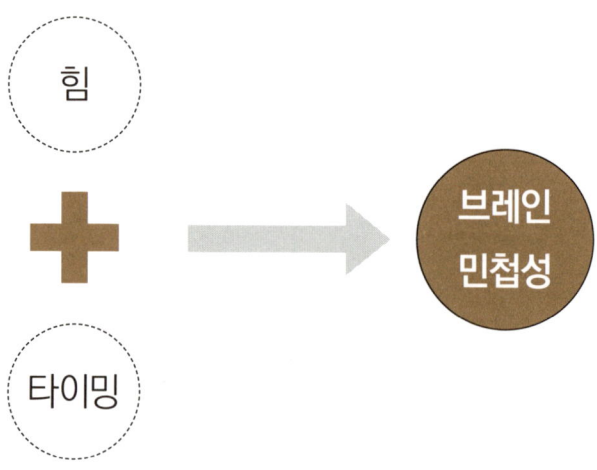

Chapter_12

브레인 템포

── 우리가 주목해야 하는 또 하나의 브레인 체력은 브레인 템포입니다. 템포(tempo)는 일정한 속도(또는 빠르기) 또는 규칙적인 속도를 가진 힘을 말합니다. 원래 템포는 음악에서 출발한 용어로, 이탈리어로 시간을 뜻하지만 '박자'가 더욱 정확한 표현으로 보입니다. 브레인 템포는 일정한 주기로 속도 또는 박자가 변화하지 않고 지속할 수 있는 능력을 의미합니다. 다음의 그림을

보며 템포의 뜻을 이해해 봅시다. 2명의 사람이 동일한 출발지에서 목적지까지 자전거로 이동을 하게 됩니다.

이때 어느 사람은 5km 간격을 유지하며 출발지에서 출발하여 A구역, B구역, C구역을 거쳐 목적지까지 이동할 수 있습니다. 한편, 또 다른 사람은 A구역에서는 15km, B구역에서는 5km, C구역에서는 15km로 출발지에서 도착지로 이동할 수 있습니다.

목적지		
5 km	C구역	15 km
5 km		
5 km		
5 km	B구역	5 km
5 km		5 km
5 km		5 km
5 km	A구역	15 km
5 km		
5 km		
①	출발지	②

첫 번째 사람①과 두 번째 사람②을 비교한다면, 첫 번째 사람은 템포를 갖춘 사람이며, 두 번째 사람은 템포를 갖추지 못한 사람입니다. 두 번째 사람은 출발지에서 목적지까지 자전거로 이동하면서 자전거의 속도를 첫 번째 사람과 같이 5km로 일관성 있는 속도를 보여주지 못했기 때문입니다.

흔히 우리는 템포를 갖추지 못한 사람을 변덕쟁이라고 합니다. 변덕쟁이는 기분에 따라 상태나 성격이 달라지는 사람을 말합니다. 어제는 저랬는데 오늘은 전혀 다른 방식으로 이랬다 그러는 사람을 의미합니다. 변덕쟁이들은 다른 사람들에게 신뢰감을 줄 수 없기 때문에, 누구나 변덕쟁이들과 함께 공부하거나 일을 하는 것을 꺼려합니다. 변덕쟁이는 피곤한 사람이 될 가능성이 매우 높답니다. 변덕쟁이의 반대쪽 사람에 대해서는 우리는 그들을 '한결같은 사람' 또는 '믿음이 가는 사람' 등으로 표현합니다. 변덕쟁이의 반대쪽 사람들은 어떠한 상황에서도 한결같기 때문에 신뢰감을 준다고 볼 수 있답니다. 한결같은 사람은 자신의 기분, 느낌, 주변 상황 등에 관계없이 다른 사람을 대할 때 항상 일관된 태도와 행동을 보여줍니다.

지금까지 이야기한 바와 같이 브레인 템포에서는 속도의 크기

보다는 일관성이 중요합니다. 박자(또는 속도)가 빠르다고 좋은 것이 아니며, 반대로 박자(또는 속도)가 느리다고 좋은 것이 아닙니다. 다시 다음의 그림을 보면, 브레인 템포는 출발지에서 목적지까지 이동할 때 일관성 있게 '5km'를 유지하며 이동하거나 '15km'를 유지하며 이동할 수 있게 합니다.

목적지		
5 km	C구역	15 km
5 km		
5 km		
5 km	B구역	15 km
5 km		
5 km		
5 km	A구역	15 km
5 km		
5 km		
출발지		

브레인 템포는 출발지에서 목적지까지 일관된 속도를 유지하며 이동하는 것이 중요함을 의미합니다. 그렇다면, 여러분들은 어떤 속도로 이동할 것인지에 대한 생각을 해야 합니다. 다시한 번 이야기한다면, 절대 템포가 빠르다고 좋은 것이 아닙니다. 또한 반대로 절대 템포가 느리다고 나쁜 것은 아닙니다.

템포의 특성은 개인 맞춤형입니다. 한번 더 이야기하면, 템포의 상대적인 속도가 중요한 것이 아니라 자신에게 맞는 속도를 찾아 일관성을 지키는 것이 중요한 포인트입니다. 2016년 리우올림픽경기대회 골프 종목의 첫 번째 금메달리스트인 박인비 선수의 예시를 봅시다. 박인비 골프 스윙 동작은 골프계에서는 정석이 아니라고 합니다. 그럼에도 불구하고 박인비 선수가 세계적인 골프 선수가 될 수 있었던 가장 결정적인 원인은 자신에게 맞는 맞춤형 골프 스윙을 찾아 일관된 속도로 스윙하는데 있다고 합니다.

박인비 선수의 골프 스윙 템포는 정말 독보적입니다. 박인비 선수가 다른 골프 선수와 다른 점은 '침묵의 암살자'라는 별명에서 볼 수 있듯이 어떤 상황에서도 템포의 흔들림이 없다는 점입니다. 일반적으로 골프 선수는 본인의 생각과 달리 골프 결과가 좋지 않을 때 감정의 폭이 크게 달라집니다. 화가 나서 얼굴이 빨개지거나 얼굴이 무섭게 굳어지는 경우가 있답니다. 또는 화가 나서 골프채를 막 던지거나 화가 난 몸동작을 하는 경우도 있습니다. 이와 같은 감정이 골프 스윙에 영향을 미쳐 평상시 훈련했던 골프 스윙 템포를 찾지 못하고 평소보다 빠르게 스윙하거나 반대로 평소보다 느리게 스윙하게 되는 경우가 있습니다. 이는 골프 경기 상황을 더욱 악화시키고 결국 성적은 추락하는 결과를 초래하게 됩니다. 그러나 박인비 선수는 골프 경기를 하는 도중에 자신의 감정을 겉으로 드러내지 않는 장점을 가지고 있답니다. 이는 박인비 선수가 어느 선수도 갖추지 못한 골프 스윙 템포를 유지하고 있기 때문입니다.

우리도 각자에게 맞는 맞춤형 브레인 템포를 찾아서 이 템포를 어떤 상황에 직면해서도 유지할 수 있어야 합니다. 다시 한번 골프의 예를 든다면, 골프는 선수 생활을 이어가기 위해서는 수백

번, 수천 번, 수만 번 골프 스윙을 해야 합니다. 그런데 골프 스윙의 템포가 오늘은 천천히 하고 내일은 조금 빨라진다면 해당 골프 선수는 결코 훌륭한 선수가 될 수 없답니다. 야구에서는 야구 선수가 때로는 야구 방망이를 짧게 잡고 천천히 번트를 대기도 하고, 때로는 야구 방망이를 평상시처럼 길게 잡고 강하게 휘둘러도 되지만 골프에서는 그렇게 하면 안 됩니다. 골프의 경우, 골프 선수가 하는 스윙은 일정한 속도를 가지고 골프 스윙을 해야 하는 특성이 있답니다. 우리도 우리가 미래에 꿈꾸는 진로 또는 직장에서 어떤 일을 하게 되었을 때 브레인 템포가 중요한 능력으로 인식될 수 있습니다. 그렇다면, 지금부터 우리의 미래를 위해 브레인 템포를 이해하고 이를 훈련하기 위한 노력을 기울여 봅시다.

Chapter_13

브레인 협응성

———— 마지막 브레인 체력 중의 하나는 브레인 협응성입니다. 협응성은 신체의 움직임을 정확하게 수행할 뿐만 아니라, 얼마나 매끄럽게 조화로운 움직임을 수행하느냐를 의미한다. 우리 몸에는 각 신체 분절(예: 팔, 다리, 목, 허리, 허벅지, 발목 등)이 있고, 각 신체 분절은 각 고유의 역할이 있습니다. 당연히 각 신체 분절은 각 고유의 역할대로 정확한 움직임을 수행해야 합니다. 그렇

지만, 더 나아가 각 신체분절은 전체 우리 몸의 움직임을 위해 협조를 해야 합니다. 이 협조의 크기를 '협응성'이라고 합니다. 실제로 우리는 늘 우리의 몸을 조화롭게 사용하기를 희망하지만, 우리의 마음대로 되지 않는 경우도 종종 있답니다. 여러분은 각종 언론이나 SNS에서 '코디한다'라는 말을 들어보았을 것입니다. 혹은 코디네이터(coordinator)라는 용어를 들어보았을 것입니다. 여기에서 '코디'는 바로 협응성을 의미합니다. 마치 패션분야의 패션 코디네이터가 의상, 화장, 액세서리, 구두, 가방 등을 전체적으로 조화롭게 준비하여 한 사람의 패션을 담당하는 것처럼, 협응성은 우리가 원하는 상황에서 우리의 신체 일부가 조화롭게 사용되는 것을 말합니다.

여러분 다음 2가지 그림을 보고, 숨은 그림 찾기처럼 어떤 차이가 있는지 찾아봅시다.

● 차이가 있는 부분을 적어보세요

숨은 그림 찾기

Chapter_13 브레인 협응성

앞의 그림에 제시된 2개의 그림 차이는 걷기를 할 때 팔과 다리의 협응성 유무입니다. 왼쪽 그림은 걷기를 할 때 왼쪽 발과 왼쪽 팔이 동시에 움직인다는 점입니다. 올바른 걷기 동작은 오른쪽 그림처럼 왼쪽 발이 내딛을 때는 오른쪽 팔이 앞쪽으로 사용되어야 합니다. 이 예시는 협응성의 간단한 예시를 보여주고 있지만, 실제로 우리의 일상 행동에서 협응성이 필요로 하는 일이 굉장히 많답니다. 다만, 우리의 소중한 신체 일부분들이 소리 없이 각자의 역할을 성실히 수행하고 있기 때문에 우리가 미처 알아채지 못한 것 뿐입니다. 예를 들면, 새끼발가락을 다쳐본 경험이 있는 여러분은 바로 공감하실 것입니다. 새끼발가락은 우리 전체 몸에서 크기로 보았을 때 아주 작은 크기의 신체 일부입니다. 그런데 새끼발가락을 다치게 되면, 우리는 제대로 서거나 걷는 등의 동작을 자유자재로 할 수 없답니다.

브레인 협응성은 우리가 갖고 있는 능력을 총 동원하여 자유자재로 필요한 시기에 사용할 수 있는 '종합 능력'을 말합니다. 어떤 사람은 3가지 서로 다른 유형의 능력을 가지고 있지만, 4가지 또는 5가지 유형만큼 능력을 발휘하는 사람이 있답니다. 즉 자신이 가지고 있는 능력 이상으로 새로운 능력을 발휘하는 사람을 의미합니다. 산술적으로는 이 사람의 경우 3가지 유형을 가지고 있기 때문에 온 힘을 다해서 집중을 해도 100%인 3가지 유형의 능력을 발휘해야 합니다. 그런데 이 사람은 어떤 이유인지 모르겠지만, 자신의 능력을 총 동원해서 100% 이상의 능력을 보여주게 되었습니다. 이 경우가 가장 대표적인 브레인 협응성의 좋은 예시라고 생각됩니다. 자신이 갖고 있는 서로 다른 유형의 능력을 조화롭게 활용하여 자신의 능력을 100% 이상 보여줄 수 있다면 그 보다 더 좋은 것은 없다고 생각합니다.

그러나 반대로 어떤 사람은 앞의 사람과 마찬가지로 3가지 유형의 능력을 가지고 있지만, 3가지 유형보다 적은 1-2가지 유형의 능력만을 발휘하는 경우가 있답니다. 이는 매우 안타까운 일이라고 볼 수 있습니다. 어떤 이유로 자신의 능력 이하로 실력을 보여주었는지는 모르겠지만, 이처럼 자신의 능력을 100% 미만으로 보여주는 것은 브레인 협응성이 제대로 이루어지지 않은 결과라고 봅니다.

두 번째 브레인 협응성의 특성은 여러분이 2명 이상의 다른 사람과 함께 공부를 하거나 일을 할 때 나타납니다. 우리 모두는 각자 자신만의 독특한 장점을 가지고 있습니다. 반대로 우리는 모두 예외없이 장점도 가지고 있지만 단점도 가지고 있습니다. 따라서 우리 자신은 자신의 장점을 크게 키우고 반대로 자신의 약점은 최소화하는 노력을 지속적으로 해야 합니다. 2명 이상의 사람이 함께 모여 무엇인가를 할 때도 마찬가지입니다. 흔히 우리는 시너지 효과라고 합니다. 시너지 효과는 쉽게 말하면 1+1=2 이상의 효과를 거두는 것을 의미합니다. 이 시너지 효과는 브레인 협응성과 유사합니다. 여러명이 함께 일할 때 우리는 각자 자신의 장점을 발휘하여 소속 팀(또는 집단)의 성과를 극대화해야 합니다. 반대로 소속 팀에서는 팀의 전체 성과를 극대화하기 위해 각 팀원의 약점을 최소화하는 노력을 기울여야 합니다. 결과적으로, 우리가 3가지 유형(A, B, C)의 장점을 가지고 있다고 했을 때 어느 팀에서는 장점 A가 소속팀의 전체 성과를 높이는데 긍정적인 역할을 할 수 있습니다. 또한 다른 팀에서는 장점 A가 아닌, 장점 B가 소속팀의 전체 성과를 높이는데 긍정적인 역할을 할 수 있는 것입니다. 때로는 장점 A도 아니고 장점 B도 아닌, 장점 C가 소속팀의 전체 성과를 최고로 높이는데 큰 역할을 할 수 있답니다. 그렇다면, 어떻게 장점 A, 장점 B, 장점 C를 선택해서 활용해야 할까요? 이 것은 정답이 없습니다. 그것은 소속팀에 있는 다른 팀원의 장점이 무엇인지 모르기 때문이며, 팀의 성과는 팀원과 팀원이 만나 상호작용함으로써 만들어지는 현상이기 때문입니다. 쉽게 설명하면, 축구 또는 농구와 같은 단체 스포츠에서 말하는 팀 플레이를 생각하면 좋을 것 같습니다. 팀 플레이는 소속팀의 특정 선수 개인이 아무리 실력이 좋다고 해도, 팀 플레이가 이루어지지 않는다면 팀 스포츠의 승리는 장담할 수 없습니다. 예를 들면, 2019년 FIFA U-20 축구경기를 기억해 봅시다.

정정용 축구팀 감독은 상대팀에 따라 11명의 선발 선수를 다르게 뽑았고, 11명이 가장 잘 할 수 있는 전술을 수립해서 사용한 바 있습니다. 상대팀을 분석한 후, 우리나라 11명의 선발 선수가 가장 잘할 수 있는 전술을 창의적으로 수립하여 준우승이라는 엄청난 성과를 거두었답니다. 이것이 브레인 협응성의 좋은 사례입니다.

BRAIN FITNESS
브레인 체력

브레인 체력은 미래를 위한 뿌리 역량입니다

Part 3

먼저, 청소년 여러분이 살아갈 미래는 더욱 빠르고 불확실한 세상이 될 것입니다. 이미 우리 사회는 불확실한 세상을 경험하고 있습니다. 과거에는 특정 지식 또는 기술을 많이 습득하면 자신들의 미래를 살아가는데 큰 걱정이나 고민이 없었습니다. 그러나 이미 우리가 사는 사회는 모든 것이 빠르게 변화하고 있어서 과거에 습득한 지식 또는 기술이 쓸모가 없게 되는 현상을 직면하고 있습니다. 앞으로는 더욱 이러한 현상이 심해질 것입니다.

그렇다면, 청소년 여러분은 여러분의 미래를 어떻게 준비해야 할까요? 바로 브레인 체력입니다. 브레인 체력은 국력이 아니라, 청소년 여러분의 미래를 만드는 뿌리 역량이 될 것입니다.

Chapter_14
브레인 체력과 청소년의 미래

──── 지금까지 이 책에서는 브레인 체력이 무엇이고, 어떤 요소로 구성되어 있는지에 대해 살펴보았습니다. 이 부분에서는 브레인 체력이 우리나라를 이끌 청소년의 미래와 어떤 관계가 있는지 알아보겠습니다.

　청소년 여러분은 미래를 어떻게 준비하고 있나요? 많은 미래학자들은 청소년 여러분이 살아갈 미래 사회는 현재와 너무도 다른 사회가 될 것이라고 예측하고 있습니다. 최근에 나타나고 있는 국내 및 국외 상황의 변화를 보면, 현재도 너무나 빠르게 모든 것이 변화하고 있습니다. 이 속도는 앞으로도 더욱 빨라진다는 점입니다. 분명한 것은 지금 우리가 생각하는 미래의 모습은 우리가 현재 상상할 수 있는 부분도 있지만, 동시에 우리가 현재 상상할 수 없는 부분도 나타날 것이라는 점입니다. 우리가 현재 상상할 수 있는 부분 그대로 미래 사회가 펼쳐진다면, 미래를 준비하는 우리들에게 어느 측면에서는 다행이라고 생각됩니다. 그러나 만약 우리가 현재 상상할 수 없는 부분으로 우리의 미래가 펼쳐진다면, 우리는 지금 무엇을 어떻게 준비해야 할까요?

청소년의 생활 환경

　매일경제(2019년 5월 23일) 기사에 따르면, 우리나라 청소년의 생활환경을 종합적으로 확인할 수 있습니다. 먼저 우리나라 청소년의 삶 만족도는 OECD국가 중에서 꼴찌를 계속 유지하고 있습니다. 우리나라 청소년들은 물질적 결핍은 낮게 인식하고 있지만, 학교와 학원 공부로 인한 시간 부족으로 사회적 관계가 상대적으로 결핍되어 있음을 알 수 있습니다. 즉 청소년들이 적당

한 휴식과 운동 등을 보장받지 못함으로써 삶의 만족도가 낮은 것으로 볼 수 있습니다.

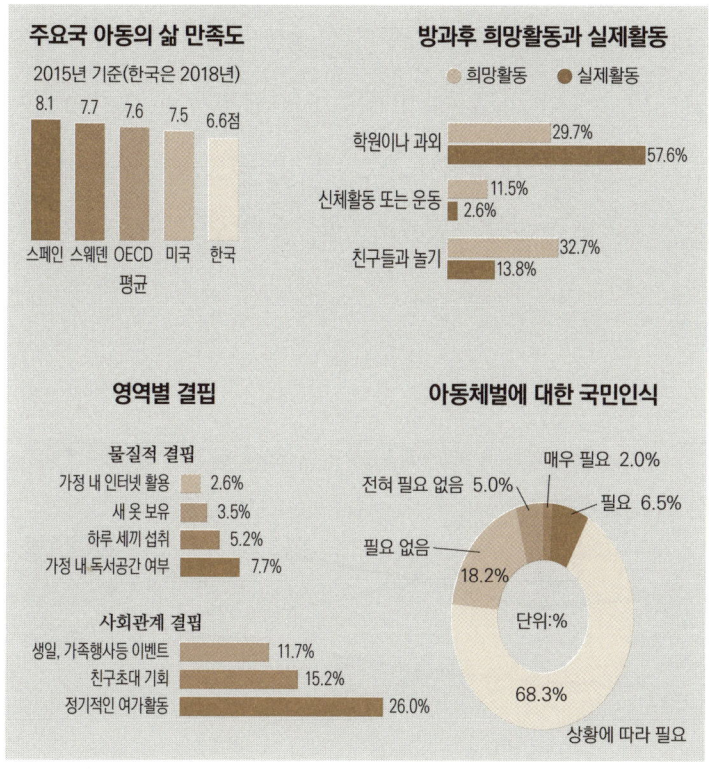

* 매일경제: 2019년 5월 23일

또한 세계일보 기사(2018년 2월 22일)에 따르면, 우리나라 청소년들은 여러 가지 고민 중 대인관계 문제(23.2%)가 가장 큰 고민으로 나타났습니다. 그 다음 순위는 학업 진로(17.8%)와 정신 건강(16.0%) 순으로 우리나라 청소년의 고민이 확인되었습니다. 이 결과를 2013년의 결과와 비교한다면, 정신 건강의 상승폭은 매우 큼을 알 수 있다. 학업·진로 고민은 25.8%에서 17.8%로 감속한 반면, 대인관계는 20.4%에서 23.2%로 상승하였으며, 정신 건강은 9.2%에서 16.0%으로 크게 상승하였음을 확인할 수 있다.

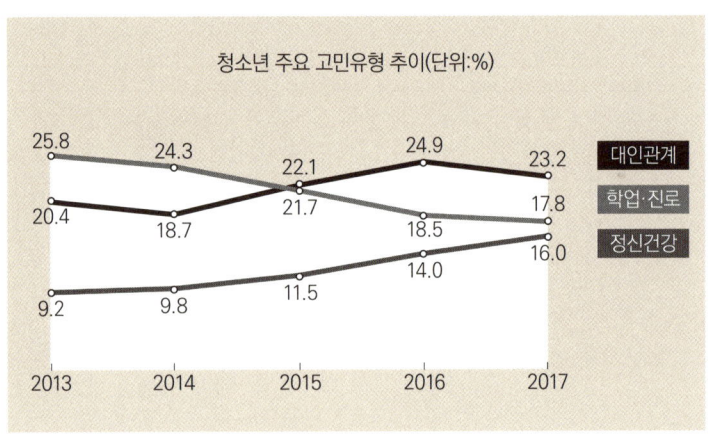

※ 출처 _ 세계일보, 2018년 2월 22일

이를 종합하면, 우리나라 청소년들은 삶의 만족도가 전 세계에서 아주 낮은 상황이며, 사회관계 결핍으로 인한 대인 관계와 정신 건강에 관한 고민이 높아지고 있음을 알 수 있습니다. 대한민국의 미래인 우리나라 청소년들이 건강하고 행복하게 성장하기 위해서는 현재 우리나라 청소년들이 겪고 있는 안타까운 실태와 상황을 해결하기 위한 방법을 찾아야 합니다. 우리가 사용가능한 해결 방법의 하나는 이 책에서 소개하는 청소년의 브레인 체력 증진입니다.

브레인 체력 증진을 위한 강화 훈련

청소년 여러분, 브레인 체력을 증진하기 위해서는 강화 훈련에 참여해야 합니다. "공부할 시간도 없는데 어떻게 브레인 체력의 강화 훈련을 하라고 하나요? 시간이 나면, 그때 할께요~"라고 답할지도 모르겠습니다. 그러나 청소년 여러분 훈련의 중요성을 생각해 봅시다.

우리가 좋아하고 늘 응원하는 국가대표 축구 선수들이 당장 눈앞에 시합이 없다고 훈련을 하지 않는다면 어떻게 되겠습니까? 시합의 결과를 예측하지 않아도, 힘든 경기를 치르거나 시합에서 승리가 아닌 패배를 맛볼 가능성이 매우 높습니다. 모든 것이 마찬가지입니다. 평소에 조금씩 연습이나 훈련을 하지 않으면, 우리가 원하는 목표를 달성할 수 없습니다.

또 하나, 적지 않은 청소년들이 시험공부 이외에 무엇인가를 하고자 한다면 공부할 시간 부족으로 인해 심리적 부담감을 많이 가지게 됩니다. 물론 공부할 시간이 부족하다는 점에 동의를 못하는 것은 아니지만, 잘 드러나지 않는 또 하나의 이유가 있습니다. 또 하나의 이유는 실패에 대한 두려움 때문입니다. 우리는 미래가 가지고 있는 불확실성 때문에 불안감 또는 두려움을 안고 삶을 살아가고 있습니다.

미래에 대한 두려움은 우리가 현재 하는 행동들이 미래에 긍정적인 결과를 도출하지 않고, 시간만 낭비하는 '쓸데없는'(?) 일이 될 수도 있다는 생각이 들기 때문입니다. 즉 현재의 행동이 미래에 대한 실패로 이어질 것이라는 불안감이 있기 때문입니다. 우리는 우리 자신에게 당장 도움이 되는 일에만 몰두하려는 경향이 많습니다. 즉 손해를 보기 싫어합니다. 하지만, 이득과 손해에 대한 판단은 넓은 관점에서 바라볼 필요가 있습니다. 어떤 것들은 당장 손해가 되어도 5년, 10년 후에 우리의 미래에 큰 도움이 될 수 있기 때문입니다.

또한, 우리는 우리의 미래를 위해 새로운 일에 도전하는 것에 대해 망설입니다. 그것은 새로운 일을 수행함에 있어 많이 경험하게 되는 실패에 대한 상처 때문입니다. 실패의 상처는 누구나가 많이 아픕니다. 상처가 아프지 않다는 것은 100퍼센트 거짓말입니다.

또 하나 우리가 기억해야 할 점은 우리가 삶을 살아가면서 실패를 경험하지 않는 사람이 없다는 점입니다. 누구나 실패를 경험합니다. 다만 실패를 경험한 후 어떻게 행동하느냐에 따라 우리가 경험한 실패가 우리의 미래에 도움이 될 수도 있고 반대로 도움이 안 될 수도 있습니다. 어렸을 때 두발 자전거를 배웠을 때를 기억해 봅시다. 처음에는, 누구나 두발 자전거를 탈 때 균형을 잡지 못하고 자꾸 옆으로 넘어지게 됩니다. 그러다 보면, 무릎, 손, 손목 등에 상처를 입게 됩니다. 이 과정에서 넘어지거나 상처를 입는 것이 두렵거나 싫어서 넘어지지 않으려고 한다면 영원히 두발 자전거를 탈 수 없게 됩니다. 자꾸 넘어져보아야 다음에 어떻게 하면 안 넘어질 수 있을 지를 몸으로 습득하게 됩니다. 이를 어려운 말로 체득(體得)이라고 합니다. 넘어져 본 사람은 삶을 살아가는 과정 속에서 또 다시 넘어지거나 정말 위험할 정도로 넘어지게 되더라도 크게 동요하지 않습니다. 넘어진 후 어느 정도의 상처와 어려움은 경험하지만 금방 상처와 어려움을 털어내고 다시 일어설 수 있는 능력을 얻게 됩니다. 정리하면, 넘어진 경험이 있는 사람만이 넘어지지 않는 방법을 터득하게 됩니다. 그런데 반대로 넘어지기 두려워서 자신의 삶 속에서 넘어진 경험이 없는 사람은 실제로 넘어졌을 때 금방 일어설 수 없게 됩니다. 정말 힘든 상황에 놓이거나 어쩌면 절대 다시 일어설 수도 없게 될 수도 있습니다.

따라서 청소년 여러분은 여러분의 미래를 튼튼하게 준비하기 위해서 넘어질 수 있다는 생각은 접어두고 넘어지는 훈련을 적극적으로 해보길 희망합니다. 김병준과 천성민(2017)에 따르면, '정신력'은 단순히 '악으로, 깡으로', '최선을 다하자'로 강해지는 것이 아니라고 설명합니다. 또한 이들은 우리가 스포츠 기술을 연습하면서 반복하여 완전히 익히듯이 우리의 브레인 체력도 꾸준한 훈련과 상황에 맞는 연습이 필요합니다.

청소년 여러분, 뉴턴의 만유인력이 훈련과 연습의 결과로 탄생한 것을 알고 있습니까?

Chapter_14 브레인 체력과 청소년의 미래

매일 경제(2010)에 실린 다음의 기사를 살펴보시기 바랍니다.

―――― 뉴턴은 사과나무에서 떨어진 사과를 바라보고 직적으로 '만유인력의 법칙'을 발견하였다. 이것은 결코 우연이나 천재성으로 나온 것이 아니라 훈련과 연습에서 나온 직관력 때문이었다. 뉴턴이 만유인력 법칙을 발견한 1666년 그가 흑사병을 피하여 고향으로 내려온 이듬해였다. 뉴턴이 고향에 머물던 2년은 깊은 사색의 시기였다. 그는 고향에 머무는 내내 '왜 다른 물체는 땅으로 떨어지는데 달과 별들은 떨어지지 않을까?'를 고민하고 또 고민했다. 우주의 규칙에 대하여 고민하고 생각하는 것에만 2년을 보낸 셈이다. 뉴턴이 깊은 생각에 빠져 있던 어느 날 땅바닥으로 떨어진 사과는 뉴턴이 2년간 머릿속에 저장했던 각종 정보를 섬광처럼 정렬시켜 만유인력 법칙이 탄생하게 되었다.

―――― 오랜 경험, 사색, 연구 등을 통하여 머릿속에 저장된 조각 조작들이 어떤 실마리를 만나 새롭게 조합되면 창조적인 직관을 얻을 수 있다. 그러나 훈련과 연습 없는 직관은 매우 위험하다. 현실에 들어맞을 가능성이 낮기 때문이다. 훈련되지 않은 직관을 믿는 사람은 '운' 또는 '우연'에 자신의 운명을 내맡기는 것과 다름없다.

―――― 그래서 어떤 학자는 직관은 결코 마법이 아니며, 탁월한 직관을 얻기 위한 방법을 우리도 얼마든지 배울 수 있다고 말한다. 발명가 에디슨도 천재는 99%의 노력과 1%의 영감으로 이루어진다고 말했다. 오랜 노력의 결과가 직관의 안내를 받아 탁월한 발명으로 이어졌다는 뜻과 다르지 않다(매일경제, 2010. 11.23).

한국인이 가장 좋아하고 세계적으로 유명한 프랑스 작가 「베르나르 베르베르」가 한 말을 소개하고 싶습니다. 그는 인터뷰에서 기자에게 다음과 같은 질문을 받았습니다. "세계적인 상상력을 가진 작가로 인정받은 작가로써 어떻게 상상력을 기를 수 있습니까?"그러자 베르나르 베르베르는 다음과 같이 답변을 했습니다. "상상력은 근육과 같습니다. 근육을 매일 사용하지 않으면 안 되는 것처럼 저는 매일 4시간 30분(오전 8시-오후 1시 30분)까지 글쓰기를 합니다". 이 답변을 통해 우리는 세계적인 작가도 하루도 쉬지 않고 글쓰기 훈련을 하고 있음을 알 수 있습니다. 그는 매일 두뇌를 사용함으로써 상상력의 원천이 메마르지 않도록 노력하고 있음을 알 수 있습니다. 베르나르 베르베르의 이야기처럼 끊임없는 훈련의 결과가 상상력의 결정체가 될 수 있음을 확인하게 됩니다.

청소년의 미래 준비

　이 부분에서는 청소년 여러분의 미래 준비를 위한 전 세계의 다각도적인 노력에 대해 살펴보고자 합니다. 우선 청소년의 미래를 선도적으로 전담하는 글로벌 교육에 대해 소개하고자 합니다. 경제개발협력기구(OECD: Organization for Economic Cooperation and Development)는 2018년에 'OECD Education 2030' 프로젝트를 발표한 바 있습니다. 이 프로젝트에서 지향하는 주제는 'The Future of Education and Skills'으로, 현재 청소년들이 2030년에 사회의 구성원으로 일할 때 필요한 역량(또는 기술) 교육에 역점을 두고 있습니다. 이 프로젝트의 방향과 내용은 각 나라의 교육 정책 수립이나 예산 편성에 결정적인 가이드 역할을 하게 됩니다.

이제 OECD 2030 Education 프로젝트의 방향과 특징에 대해서 소개하고자 합니다. 이 프로젝트의 방향은 그 어느 때보다 '학생의 주도성'에 초점을 두고 있습니다. 물론 그 동안에도 우리나라뿐만 아니라, 전 세계에서는 교사의 '이끎'(leading)에서 벗어나 학생의 자기주도적인 학습을 강조해 왔습니다. 상대적으로 이번 OECD 교육 프로젝트는 교육활동에서의 학생의 역할을 더욱 확대하고 있습니다. 그 어느 때보다도 학생의 역할을 확대하여 자신의 삶을 능동적으로 개척할 수 있는 힘을 기르기 위함입니다. 능동적으로 자신의 삶을 개척할 수 있는 힘을 변혁적 역량으로 바라보고 있습니다. 변혁적 역량(transformative competency)은 전 세계가 직면한 글로벌 문제(예: 온난화, 저출산, 고령화, 자원 갈등, 사회 분열 등)에 적극적으로 대처할 수 있는 능력을 의미합니다. 변혁적 역량은 다음 3가지 범주로 구분됩니다.

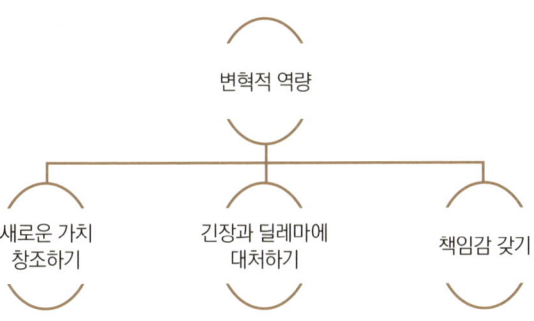

또한 변혁적 역량의 각 범주마다 대표하는 하위 역량을 보면, 그 동안 우리가 중요하게 생각해 왔던 특정 지식이나 기능과 많이 다르다는 것을 확인할 수 있습니다. 우선, '새로운 가치 창조하기'는 협력과 창의성을 활용하여 미래 사회에서 요구하는 새로운 가치를 만들어 낼 수 있는 능력을 의미합니다. 또한 '긴장과 딜레마에 대처하기'는 과거와 현재와 마찬가지로 미래 사회에서 나타날 다양한 갈등상황에서 필요로 하는 능력을 강조하고 있습니다. 인간사회는 혼자 살아갈 없는 존재이기 때문에, 인간과 인간끼리 서로 의지하고 함께 살아가야 합니다. 그 과정 속에서 인간과 인간 사이의 갈등은 누구도 피할 수 없답니다. 우리 모두가 각자 피할 수 없는 갈등 상황을 회피하거나 모르는 척하는 것이 아니라, 이 갈등 상황을 최소화하거나 해결할 수 있는 태도를 말합니다.

범주	하위 역량
새로운 가치 창조하기	➔ 새로운 성장 자원으로서의 혁신 ➔ 혁신을 위한 협동/협업 능력 ➔ 적응력, 창의성, 호기심, 개방적 마인드
긴장과 딜레마에 대처하기	➔ 타인의 요구와 입장 이해 ➔ 상호연결성 인지와 성급한 결론을 피하기: 시스템적 사고 ➔ 대립, 갈등, 딜레마 속에서도 균형/절충점 찾기
책임감 갖기	➔ 자신의 행동에 대한 미래결과를 예측할 수 있는 능력 ➔ 위험 및 보상, 자신의 행동을 평가할 수 있는 능력 ➔ 도덕적 및 지적 성숙도/성찰 능력/자기조절 능력

끝으로, '책임감 갖기'는 우리가 스스로 우리의 행동에 대한 미래 결과를 예측하고, 그 행동의 성과와 실패를 분석할 수 있는

능력을 의미합니다. 동시에 우리의 행동에 대한 책임을 스스로 지고 그 결과를 수용할 수 있는 능력을 뜻합니다.

브레인 체력은 OECD가 추구하는 미래 교육적 방향과 일맥상통하고 있습니다. 브레인 체력은 청소년 여러분에게 필요한 지식이나 기술을 습득하는데 도움이 되는 것이 아니라, 여러분의 미래를 충실히 준비할 뿐만 아니라 미래 사회에서 적극적인 사회 구성원으로 활약할 수 있는 역량을 기르는데 초점을 두고 있습니다.

청소년 여러분, 우리가 잘 아는 올림픽 경기대회와 체력의 관계를 생각해 봅시다. 올림픽 경기대회는 4년마다 개최되는 가장 큰 규모의 스포츠이벤트입니다. 대한민국을 비롯한 전 세계의 운동선수들은 각국의 국가대표가 되어 올림픽 경기대회의 참가를 최고의 영광으로 생각하고 있습니다. 올림픽 경기대회에는 많은 스포츠 종목이 있답니다. 하계올림픽과 동계 올림픽의 종목 수를 합하면, 50개가 넘는 스포츠 종목이 있답니다. 최근에 개최된 2016년 브라질 리우하계 올림픽과 2018년 대한민국 평창동계 올림픽 종목을 다음의 이미지에서 확인해 보시기 바랍니다.

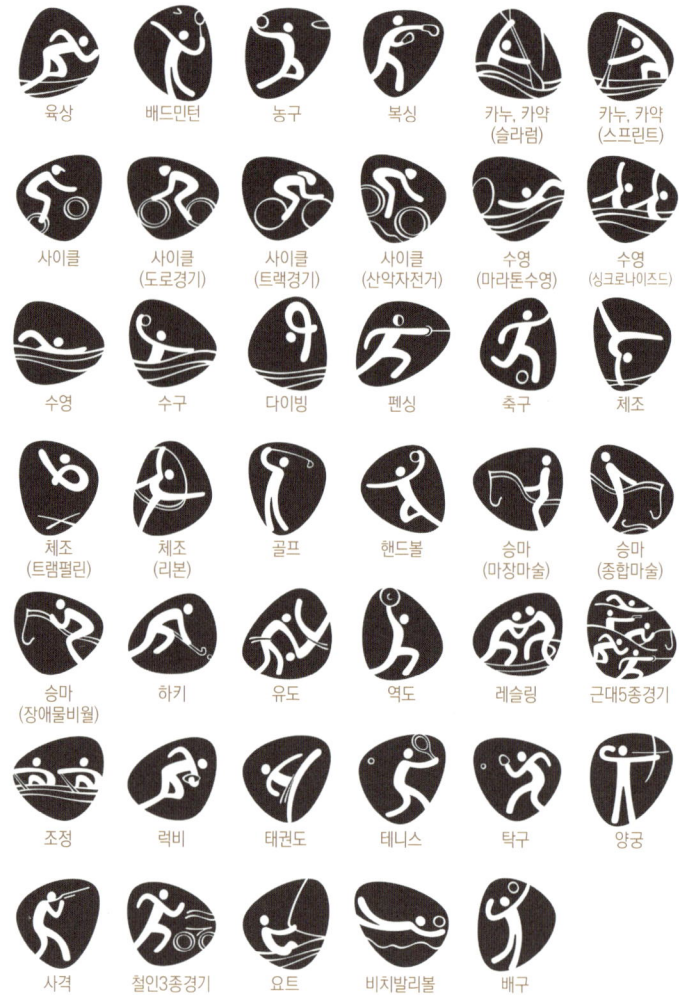

2016년 리우올림픽 종목

출처 : 대한체육회

Part 3 _ 브레인 체력은 미래를 위한 뿌리 역량입니다

2018년 평창올림픽 종목

출처 : 대한체육회

청소년 여러분이 직접 2016년 리우하계 올림픽 종목과 2018년 평창 동계올림픽 종목을 확인하였듯이, 이 50개가 넘는 종목 가운데 '체력'이란 스포츠종목은 존재하지 않습니다. 그렇다면, '체력'은 올림픽 경기대회의 종목보다 중요하지 않기 때문일까요?

체력이 올림픽 경기대회의 종목보다 덜 중요하기 때문에 올림픽 경기대회의 종목이 될 수 없었던 것이 아니라, 모든 올림픽 경기대회의 종목에 공통적으로 필요한 요소이기 때문입니다.

체력은 어느 스포츠 종목보다 가장 중요한 존재입니다. 체력이 없으면, 스포츠 기술이 아무리 뛰어나도 국가대표 또는 세계적인 선수가 될 수 없답니다. 스포츠 선수가 습득한 기술(skill)은 체력이 뒷받침될 때 선수가 가지고 있는 기술의 100% 이상을 경기 상황에서 사용할 수 있습니다. 그렇기 때문에 스포츠선수는 시합을 준비하기 위해 항상 기술 훈련과 체력 훈련을 동시에 담당합니다.

전 세계의 모든 선수들이 열망하는 올림픽대회 참가와 성적은 '체력'에 따라 그 결과가 달라지듯이, 브레인 체력은 청소년 여러분의 미래를 만들어가는 과정에서 중요한 시기마다 결정적인 역할을 할 것입니다. 브레인 체력은 청소년 여러분에게 뿌리 깊은 나무가 되어 줄 것입니다. 청소년 여러분, 뿌리 깊은 나무를 잘 알고 있을 것입니다. 뿌리 깊은 나무는 외부에서 아무리 나무를 흔들어도 뿌리가 깊기 때문에 외부의 영향에 의해 흔들리지 않는다는 점을 보여줍니다.

Chapter_14 브레인 체력과 청소년의 미래

청소년 여러분은 앞으로 여러분의 삶을 살아가면서 너무나 다양한 어려움과 유혹을 만나게 될 것입니다. 이 어려움과 유혹은 어느 누구도 피할 수 없답니다. 부유한 가정에 태어난 청소년 또는 권력이 많은 가정에 태어난 청소년에게도 예외는 없습니다. 우리들은 부유한 가정이나 권력이 많은 가정에서 살아가는 동년배 청소년들은 어려움이나 유혹 없이 살아갈 것이라고 생각할지 모르겠습니다. 그러나 뉴스나 신문을 보면, 우리가 부러워하는 부유한 가정이나 권력이 많은 가정에서 성장한 청소년들이 각종 유혹에 빠져 자신들의 미래를 어둡게 하는 소식을 종종 접하고 있습니다.

다시 강조하면, 청소년 시기에 겪는 어려움과 유혹은 누구나에게 다가옵니다. 그러나 누구나에게 다가오는 어려움과 유혹을 대처하느냐에 따라 여러분의 미래 모습은 정말 달라질 것입니다. 즉 어떻게 준비하느냐에 따라 여러분의 미래 모습은 정말 다를 것입니다. 이 책에서 수차례 반복적으로 강조하고 있듯이 브레인 체력이 튼튼한 청소년은 여러 가지 어려움과 유혹을 만나도 거뜬히 헤쳐 나가게 될 것이며, 반대로 브레인 체력이 약한 청소년은 이리저리 휘청거리다가 좌절하거나 포기하는 행동을 취할 가능성이 높습니다.

여기서 주의할 점은 브레인 체력이 청소년 여러분의 미래를 밝은 미래로 만들어주는 도깨비 방망이가 아니라는 점입니다.

브레인 체력은 누구나 갖고 싶어 하는 도깨비 방망이가 아니라, 청소년 여러분의 미래를 뒤에서 밀어주는 지원자가 되어 줄 것입니다. 청소년 여러분의 미래는 여러분이 스스로 먼저 앞으로 나아가면서 개척해야 합니다. 부모님도 아니고, 형제자매도 아니고, 선생님도 아니고, 친구도 여러분을 대신해 줄 수 없습니다. 청소년 여러분이 스스로 앞으로 걸어 나가야 여러분의 미래가 밝아질 것입니다.

우리가 혼자 앞으로 나아간다는 것은 정말 누구나에게 두려운 일입니다. 내가 아닌 누군가 먼저 앞으로 걸어 나가고, 우리는 뒤에서 그냥 따라갈 수만 있다면 얼마나 좋을까요? 누군가 먼저 앞으로 걸어 나가고, 상황을 지켜보며 눈치껏 조금씩 걸어 나가야겠다고 생각했다면 청소년의 미래는 불투명하게 될지도 모릅니다. 과거에는 극히 소수의 사람들이 앞으로 먼저 나아가고, 대다수의 사람들은 뒤에서 조금씩 발맞추어 따라가지만 해도 괜찮은 사회였습니다. 그러나 청소년 여러분이 좋아하든 싫어하든 관계없이 여러분이 앞으로 살아갈 사회는 과거의 사회와 정말 다릅니다.

청소년 여러분이 앞으로 살아 가야할 미래 사회는 앞에서 여러 번 강조한 바와 같이 예측할 수 없고 확실한 것이 거의 없습니다.

정답도 없고 정해진 길도 없습니다. 청소년 여러분의 부모님과 조부모님 세대는 청소년 시절을 보낼 때 정답이 있었고 가장 좋은 정해진 길이 있었습니다. 그러나 청소년 여러분은 아무것도 확실한 것이 없는 사회에서 살아가게 될 것입니다.

청소년 여러분이 앞으로 살아갈 미래는 모두에게나 낯 설은 길이기 때문에 여러분이 바라는 것처럼 여러분 대신 누군가 먼저 나갈 수 없답니다. 청소년 여러분이 살아갈 미래는 모두에게 각자 처음으로 새로운 길을 가야 하는 운명을 맞이하고 있습니다. 모두에게 낯 설은 길이고 처음 가는 길이 될 것이기 때문에, 누군가 내 대신 먼저 길을 나서는 일이 불가능합니다.

따라서 누군가 먼저 나아가길 기대하지 말고, 청소년 여러분 각자 지금부터 앞으로 나아가는 연습을 해보시기 바랍니다.

연습은 우리에게 미래에 대한 두려움을 최소화할 수 있도록 도와줍니다. 우리가 어떤 시합을 나가기 전에 연습을 충분히 했다면, 시합을 준비하는 우리의 마음이 불안하지 않습니다. 준비가 되어 있다고 믿기 때문입니다. 그러나 시합 전에 연습이 충분히 이루어지지 않았다고 스스로 인식한다면 시합의 결과에 대해 많은 불안감을 가지게 될 것입니다.

누구나 앞날에 대한 두려움이 있고, 아무도 먼저 가지 않은 길을 아무 두려움 없이 걸어 나간다는 것은 거의 불가능합니다. 공평하게도 누구나 두려움을 가진 채 미래를 준비하고 묵묵히 앞으로 한걸음 나아가고 있습니다. 청소년 여러분이 스스로 앞으로 한걸음 나아갈 때마다 브레인 체력은 여러분을 힘껏 뒤에서 밀어줄 것입니다.

Chapter_15
브레인 체력의 운동 원리

─── 앞에서 브레인 체력이 청소년의 미래에 어떤 역할을 하고, 청소년 여러분이 브레인 체력을 왜 증진해야 하는지에 대해 알아보았습니다. 이 부분에서는 브레인 체력의 운동 원리와 운동 단계를 살펴보도록 하겠습니다.

브레인 체력의 운동 원리

청소년 여러분은 '원리(principle)'라는 단어를 생각하게 되면, 자동적으로 수학 공부를 떠오르게 될 것입니다. 수학 공부에서 원리를 가르치는 이유는 원리를 파악하게 되면, 어떤 수학적 문제가 나와도 습득한 원리에 따라 풀어나갈 수 있기 때문입니다. 즉 우리가 수학적 원리를 습득하는 이유는 다양한 수학적 문제를 적극적으로 대처하여 풀어나갈 수 있는 힘을 얻을 수 있기 때문입니다. 마찬가지로 우리가 브레인 체력을 기르기 위한 운동 원리를 습득할 수 있다면, 시간, 장소, 환경 등에 제한 없이 브레인 체력을 증진할 수 있게 됩니다.

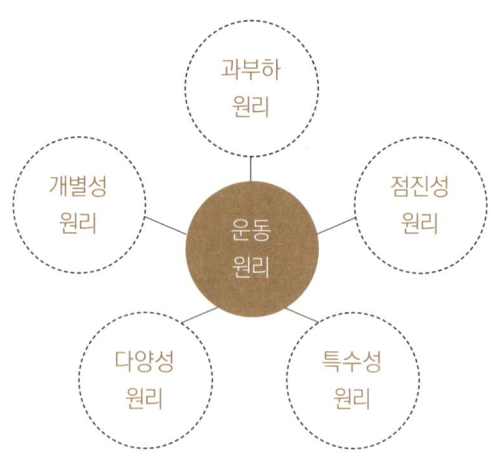

그렇다면, 본격적으로 브레인 체력의 운동 원리에 대해 살펴봅시다. 이 부분에서는 5가지 브레인 체력의 운동의 원리를 소개하고자 합니다. 청소년 여러분, 브레인 체력을 운동할 때 5가지 운동 원리 중에 한가지만을 선택해서 적용하면 안 됩니다. 여러분의 브레인 체력을 튼튼하게 증진하고자 한다면 이 5가지 운동 원리가 모두 적용되어야 합니다. 이제 5가지 운동 원리를 한 가지씩 살펴봅시다.

첫째, 개별성의 원리입니다. 우리들은 얼굴, 체형, 성격, 취미, 입맛 등이 모두 각기 다르듯이 여러 명이 동일한 운동을 똑같이 해도 운동의 효과도 각기 다르게 나타납니다. 이는 우리 인체의 유전적 요인, 신체적 특성, 성별, 연령, 성장발육 상태, 건강상태, 운동습관 등등이 각기 다르기 때문입니다. 우리는 이 개별성의 원리를 이해하고, 각자에게 맞는 운동 방법을 선택하여 진행하는 태도가 필요합니다. 예를 들면, 자신의 고유한 특성(예: 신체적 특성, 심리적 특성, 건강 상태, 미래 꿈, 현재 상황 등)을 고려하지 않고, 다른 사람들이 하니까 자신도 똑같이 브레인 체력 운동에 참여해서는 안 됩니다. 브레인 체력운동의 비교 대상은 '타인'이 아니라, '자신'이기 때문입니다. 따라서 브레인 체력 운동의 방법과 과정을 결정할 때는 자신의 현재 상태를 정확히 파악하고 최종적으로 결정하는 것이 바람직합니다.

둘째, 과부하의 원리입니다. 이 운동 원리는 우리 인체가 기존의 운동량보다 큰 훈련 자극이나 강도를 받아야 운동의 효과가 있음을 의미합니다. 이는 현 상태의 운동 진행 수준보다 한 발짝 더 나아가야 함을 의미합니다. 만약 여러분이 브레인 근력 운동을 하고자 할 때 현재 갖고 있는 브레인 근력의 크기를 넓히고자 한다면, 브레인 근력운동의 강도를 현재의 운동 강도보다는 반드시 높여야 합니다. 혹시 청소년 여러분이 지금까지 브레인 근력 운동을 전혀 하지 않았다면, 지금부터 운동 강도 계획을 수립하여 과부하의 원리를 적용하시기 바랍니다. 혹은 청소년 여러분 중에 브레인 근력 운동을 하고 있다면, 현재보다는 조금 더 강한 강도로 브레인 근력 운동을 하길 바랍니다.

셋째, 점진성의 원리입니다. 이 운동 원리는 앞에서 언급한 과부하의 원리를 적용할 때 운동 강도를 조금씩 지속적으로 높여야 한다는 뜻입니다. 오늘 20회 줄넘기를 했다면, 내일은 2-3회 횟수를 높여 운동을 하는 것이 몸에 무리가 안 생깁니다. 운동도 그렇지만, 우리 삶의 행동에 무리가 있어서는 안 됩니다. 계단을 오르거나 내려갈 때 한 계단, 한 계단씩 이동을 해야 합니다. 청소년 여러분, 급한 마음에 계단을 1계단이 아닌 2~3계단을 오르거나 내려갔을 때 넘어져서 다치거나 넘어질 뻔한 경험이 있을 것입니다. 이 비유가 바로 점진성의 원리를 정확하게 이야기해주고 있답니다. 브레인 체력의 중요성을 알고 급한 마음에 이를 증진하고자 무리를 한다면, 브레인 체력운동을 시작하지 않는 것이 오히려 좋습니다. 모든 일이 그렇듯이 급하게 욕심을 내게 되면, 일을 그르치게 됩니다. 이를 고사성어로, 과유불급(過猶不及)이라고 합니다.

넷째, 특수성의 원리입니다. 운동 원리인 특수성은 특정 부위의 변화 또는 결과를 추구할 때 어떤 목적에 의거하여 전체가 아닌 '부분'에 집중하여 운동의 효과를 거두는 경우에 해당됩니다. 예를 들면, 어떤 사람들이 브레인 체력 중 브레인 유연성을 집중적으로 증진하고자 할 때 브레인 유연성을 높일 수 있는 운동에 참여해야 합니다. 다시 말하면, 브레인 유연성을 기르고자 하면서 엉뚱하게도 브레인 지구력을 기르는 운동에 참여해서는 안 됩니다. 물론 브레인 지구력 운동도 운동의 부분이기 때문에 우리에게 해로운 것은 아니지만, 원래 의도한 바와 다르게 브레인 유연성이 크게 증진할 수 없기 때문입니다. 이 점에서 특수성의 원리는 청소년 여러분 모두에게 필요한 운동 원리가 될 수 있지만, 청소년 여러분 모두에게 이 특수성이 동일하게 적용될 수는 없습니다. 이는 앞에서 이야기한 바와 같이, 어떤 청소년에게는 특별히 브레인 지구력 강화가 현 시점에서 필요할 수는 있지만, 어떤 청소년에게는 브레인 지구력 보다는 브레인 균형성이 더욱 필요할 수 있기 때문입니다. 따라서 청소년 여러분은 현 시점에서 볼 때 각자에게 어떤 브레인 체력 요소가 다른 요소보다 상대적으로 크게 강화될 필요가 있는 지를 확인하는 일이 필요합니다.

여러분 자신은 특별히 어떤 브레인 체력 요소가 약한지 스스로 점검해 보고, 이를 강화하기 위한 추가 노력을 기울여야 할 것입니다.

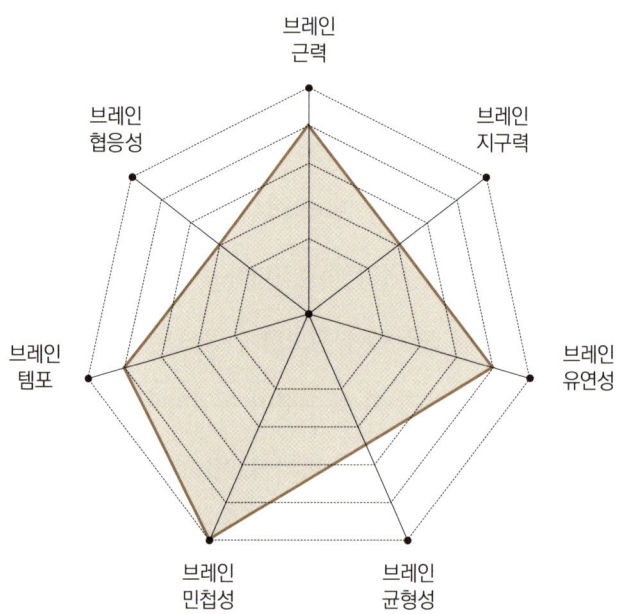

다섯째, 다양성의 원리입니다. 일정 시간이 지나면, 우리 인체는 적응을 하기 때문에 브레인 체력의 운동 효과가 더 이상 나타나지 않을 수 있답니다. 따라서 브레인 체력의 운동 프로그램은 일정 시간이 지나면 리셋(reset)하는 것이 바람직합니다.

우리 자신한테 맞는(개별성의 원리) 브레인 체력 운동을 현재 강도보다는 일정 수준 높은 강도(과부하의 원리)로 차츰 올려가게 된다면(점진성의 원리), 운동 효과가 나타나야 합니다. 그럼에도 불구하고 만약 운동의 효과가 오랫동안 지속되거나 점차 감소된다는 것을 파악하게 된다면, 그 시기에 다양성의 원리를 적용해야 합니다.

브레인 체력 운동에서 다양성은 새로운 자극 또는 도전을 의미하기도 합니다. 일상생활에서 반복적인 활동을 계속하다 보면 지루하거나 벗어나고 싶다는 생각을 하게 됩니다. 브레인 체력 운동도 마찬가지입니다. 동일한 운동 프로그램을 오랫동안 하게 되면, 아무리 운동 효과가 크더라도 운동을 지속하기가 상당히 어렵습니다. 그래서 브레인 체력의 지속적인 운동 효과를 거두기 위해서는 다른 차원의 브레인 체력 운동을 주기적으로 교체하는 노력이 필요합니다. 이러한 노력은 실제로 브레인 체력 운동에 임하는 우리의 마음도 새롭게 다지는데 도움을 줄 수 있답니다.

Part 3 _ 브레인 체력은 미래를 위한 뿌리 역량입니다

브레인 체력의 운동 단계

　브레인 체력은 앞에서 말한 바와 같이 나무의 열매와 꽃이 피울 수 있도록 가장 밑에서 영양을 공급해 주는 뿌리 역량입니다. 그렇기 때문에, 브레인 체력 운동은 '뿌리 운동'으로 볼 수 있습니다. 뿌리 운동은 나무의 열매와 꽃이 각자의 모습으로 충실한 열매를 맺고, 각양각색의 색깔로 피어나는데 필요한 '소중한 거름'이 될 것입니다. '거름'은 나무의 열매가 맺어지고 꽃이 피는데 꼭 필요한 역할을 합니다. 청소년 여러분이 어른으로 성장하기 위해서 매일 건강한 음식을 먹듯이 나무도 건강하게 성장하기 위해서는 거름이 필요하답니다.

　이런 의미에서 브레인 체력 운동은 튼튼한 뿌리 운동이 되어야 합니다. 브레인 체력의 운동 단계도 다른 운동 단계와 마찬가지로 '준비 운동 단계 - 본 운동 단계 - 정리 운동 단계'라는 3단계로 진행되어야 합니다.

　우리는 급한 마음에 시간이 없다는 이유로, 준비 운동과 정리 운동은 소홀히 한 채 본 운동을 바로 들어가곤 합니다. 컴퓨터의 전원을 켜고 끌 때, 주어진 절차를 따르지 않고 갑자기 전원을 켜고 끈다면, 아무리 좋은 컴퓨터라 할지라도 금방 고장이 날 것입니다. 마찬가지로 우리의 인체도 본 운동을 하기 전에 준비 운동을 시행하지 않거나 본 운동 후에 귀찮아서 정리 운동을 소홀히 하면, 우리의 인체에 무리가 가해져서 심한 경우 상해를 입기도 합니다.

준비 운동 단계	본 운동 단계	정리 운동 단계
· 운동 시작 전, 우리의 인체 상태를 운동하기 가장 좋은 상태로 만드는 과정	· 개별성의 원리 · 과부하의 원리 · 점진성의 원리 · 특수성의 원리 · 다양성의 원리	· 운동 종료 후, 인체 피로와 긴장 상태를 평상시 상태로 돌리는 과정

준비 운동 단계는 사전에 우리의 몸을 운동하기 가장 좋은 환경으로 만드는데 목적을 두고 있습니다. 우리는 책상에 오랫동안 앉아 있다가 갑자기 일어나면 특정 신체 부위에 쥐가 나는 경우가 있습니다. 또한 우리는 일교차가 심한 계절에는 우리의 의지와 관계없이 감기에 자주 걸리곤 합니다. 이는 온도의 변화를 우리 인체가 신속하게 적응을 못하기 때문입니다. 마찬가지로 우

리 인체가 운동을 하고 그 효과를 최대로 거두기 위해서는 준비 운동을 철저히 해야 합니다. 우리 인체가 가장 좋은 운동 효과를 받아들이기 위해서는 우리 인체가 가장 좋은 운동을 받아들일 수 있는 신체 상태로 만반의 준비를 갖추어야 합니다.

본 운동 단계는 앞에서 소개하였던 5가지 운동의 원리에 따라 실제 계획한 운동을 실행하는 단계입니다. 5가지 운동의 원리는 개별성의 원리, 과부하의 원리, 점진성의 원리, 특수성의 원리, 다양성의 원리가 포함됩니다.

끝으로, 정리 운동 단계는 본 운동의 결과로 올라간 체온과 심박수, 근육의 긴장감, 몸 곳곳에 쌓인 피로를 제거하는데 목적을 두고 있습니다. 즉 정리 운동은 우리 인체를 운동 실행 이전의 원래 상태로 돌려놓는데 목적을 두고 있습니다.

BRAIN FITNESS
브레인 체력

Chapter_16

브레인 체력과 청소년의 진로

───── 이 부분에서는 브레인 체력이 청소년의 진로와 어떤 관련성이 있는지를 살펴보도록 하겠습니다. 청소년기는 진로를 준비하는 가장 중요한 시기입니다. 인간은 누구나 태어나서 각자의 꿈을 갖고 삶을 살아갑니다. 혹자는 '인간은 꿈을 먹고 사는 동물이다'라고 이야기합니다. 또한 혹자는 '꿈을 이룬 삶이 가장 행복한 삶'이라고 이야기합니다. 이는 모든 인간은 꿈을 갖고 살

아가지만, 실제로 자신의 꿈을 이루지 못한 채 살아가는 사람도 있다는 점을 보여줍니다. 물론 이들은 어쩔 수 없는 개인적 이유로 자신의 꿈을 이루지 못한 채 살고 있다고 생각합니다. 개인적 이유 가운데 가장 중요한 하나를 제시하면, 이들은 체계적인 진로 교육을 받지 못한 세대이기 때문입니다.

그러나 청소년 여러분은 기성 세대와 다른 교육 환경 안에 살고 있습니다. 지금 각 학교에서는 진로교육을 담당하고 있는 교사가 임용되어 진로교육을 하고 계시고, 다양한 진로교육 프로그램이 진행되고 있습니다. 과거와 달리 청소년 여러분은 진로교육을 통해 여러분의 꿈을 이룰 수 있는 가능성을 높이고 있습니다.

저자는 청소년 여러분이 대한민국을 이끌 국가 인재와 세계무대에서 활동할 글로벌 인재가 되기를 응원합니다. 이런 의미에서 브레인 체력은 청소년 여러분이 선택하는 진로 경로에 뿌리가 되는 역할을 하게 될 것입니다. 뿌리 깊은 나무처럼 여러분의 브레인 체력이 튼튼할수록 청소년 여러분의 진로 준비와 설계는 훨씬 충실하게 이루어질 것입니다. 따라서 저자는 청소년 여러분이 브레인 체력의 중요성을 인식하고 이를 증진하고자 하는 노력을 삶 속에서 실천되기를 희망합니다.

대한민국 청소년의 미래 진로

　우리나라 청소년의 미래 진로는 어떨까요? 또한 이 책을 읽는 청소년 여러분의 미래 진로는 어떻습니까? 많은 사람들이 미래 진로에 대한 희망적인 이야기보다는 암울한 이야기를 많이 합니다. 그러나 청소년 여러분, 미래에 대한 불투명성은 50년 전에도 100년 전에도 계속 나온 주장입니다. 현 시점의 청소년들에게만 미래가 불투명한 것이 아님을 말하고 싶습니다.

물론 미래에 대한 불안감의 크기와 수준은 과거와 조금 다르지만, 청소년 여러분의 부모, 조부모 등도 여러분처럼 미래에 대한 불안과 걱정으로 청소년기를 보냈습니다. 따라서 미래에 대한 불안이 청소년 여러분에게만 있는 것이 아님을 기억하고, 미래 진로를 체계적으로 준비하고 미래에 대한 도전을 멈추지 말기를 바랍니다. 단, 자신의 미래 진로를 다른 사람과 비교하지 말고 자신이 가장 좋아하고 잘 할 수 있는 분야로 도전하길 바랍니다. 우리나라 청소년들은 자신의 미래 진로를 설정할 때 다른 사람과 비교하는 경향이 매우 높습니다. 그로 인해 자신의 흥미와 적성에 맞지 않는 진로를 선택했다가 이후에 후회하고 좌절하는 사례가 종종 보고되고 있습니다.

청소년 여러분, 이와 같은 후회를 하지 말기 바랍니다. 청소년 여러분만의 진로 목표를 수립하시기 바랍니다. 다음 내용은 우리의 삶에 목표가 얼마나 큰 역할을 하는지에 대한 관련 자료입니다. 청소년 여러분, 다음 내용을 자세히 읽어보고 진로의 목표에 대해 생각해 봅시다.

──── 미국 어느 대학교의 연구팀이 그해 졸업반 학생들을 대상으로 삶의 목표를 글로 써서 가지고 있는 학생이 얼마나 되는지 조사했다. 단 3%의 학생만이 글로 자신의 목표를 써서 갖고 있다고 대답했다. 나머지 97%의 졸업생은 그저 인생의 목표를 생각만 하거나 아니면 구체적인 목표가 있지 않다고 대답했다. 20년 후 이들을 추적 조사한 결과, 글로 쓴 목표를 가지고 있었던 3%의 사람들이 소유한 재산은 나머지 97%의 사람들 모두의 재산을 합친 것보다 더 많았다고 한다. 다른 대학교의 연구 결과도 이와 유사하다.

──── 80% 학생은 특별한 목표가 없었고, 15%는 단지 생각만으로 목표를 가지고 있었으며, 나머지 5%는 글로 적은 뚜렷한 목표를 가지고 있었다. 이후에 그 5%에 속하는 학생 각자가 이룬 성과를 분석해 보니 그들 스스로 정한 목표를 능가했을 뿐만 아니라, 그들이 이룬 것을 전체적으로 보았을 때 나머지 95%를 합친 것보다 더 큰 성과를 이룬 것으로 나타났다. 나의 진로 목표도 마찬가지이다. 머릿속으로만 생각으로 꿈을 꾼다면 실현 가능성은 훨씬 줄어든다. 글로 쓴 목표를 품고 있다면 여러분은 그 꿈 가까이에 이미 다가선 것이다.

[자료출처] 이민규(2005)

일반계열 청소년의 미래 진로

　대한민국뿐만 아니라, 전 세계에서는 청소년 미래에 대한 관심을 다양하게 기울이고 있습니다. 그 이유는 청소년들이 미래 세상의 중심이 될 사람들이기 때문입니다. 대한민국에서도 그 어느 때보다도 청소년의 미래 진로에 대한 다양한 노력을 기울이고 있습니다. 교육부, 여성가족부 등의 정부 부처와 교육관련 기관에서는 다양한 진로교육 정책을 수립하고, 이를 실현하기 위해 진로교육 프로그램 개발, 진로교육 교사 양성 및 파견, 관련 시설 건립 등의 광범위한 노력과 지원을 아끼지 않고 있습니다. 이와 같은 국가차원의 관심과 지원은 앞으로도 지속될 것으로 예상합니다.

　많은 연구보고서에 따르면, 현재의 많은 직업은 사라지고 그 대신 우리가 전혀 예측할 수 없는 신생 직업이 만들어질 것이라고 합니다. 청소년 여러분은 미래에 어떤 직업이 새롭게 등장할 것으로 생각하나요? 확실한 것은 우리가 상상할 수 없는 직업이 만들어질 것이라는 점입니다.

　최근에 교육부에서 실시한 우리나라 초·중·고등학생 희망 직업을 조사한 결과를 소개하고자 합니다. 흥미로운 결과가 나왔습니다. 그것은 2017년과 2018년의 결과에 상당한 차이가 나타나고 있다는 점입니다. 불관 1년 사이에 말입니다.

2018년도 결과를 살펴보면, 새로운 직업(예: 유투버, 뷰티 디자이너 등)이 많이 언급되고 있습니다. 초등학생은 인터넷방송 진행자(유투버), 중학생은 뷰티 디자이너, 연주·작곡가, 고등학생은 뷰티 디자이너, 생명·자연과학자 및 연구원을 답함으로써, 희망 직업 10위권에 새로운 직업명이 나타나고 있습니다.

<학생의 희망직업 조사결과(교육부, 2018)>

학교급	초등학생		중학생		고등학생	
년도	2007년	2018년	2007년	2018년	2007년	2018년
1위	교사	운동선수	교사	교사	교사	교사
2위	의사	교사	의사	경찰관	회사원	간호사
3위	연예인	의사	연예인	의사	공무원	경찰관
4위	운동선수	조리사	법조인	운동선수	개인사업	뷰티 디자이너
5위	교수	유튜버	공무원	조리사	간호사	군인
6위	법조인	경찰관	교수	뷰티 디자이너	의사	건축가
7위	경찰	법률 전문가	경찰	군인	연예인	생명 과학자
8위	요리사	가수	요리사	공무원	경찰	컴퓨터 공학자
9위	패션 디자이너	프로 게이머	패션 디자이너	연주가/작곡가	공학관련 엔지니어	항공기 승무원
10위	포토게이머	제과/제빵사	운동선수	컴퓨터공학자/소프트웨어 개발자	패션 디자이너	공무원

Chapter_16 브레인 체력과 청소년의 진로

흥미롭게도 초등학생의 희망 직업 중에서 1위는 운동선수로 나타났습니다. 학생들이 희망 직업을 선택하는 첫 번째 이유는 '내가 좋아해서'(초등학생 56.3%, 중학생 51.8%, 고등학생 48.6%), 두 번째 이유는 '내가 잘할 수 있어서'(초등학생 16.6%, 중학생 19.6%, 고등학생 21.4%), 세 번째 이유는 초등학생의 경우 '내가 아이디어를 내고 창의적으로 일할 것 같아서'(6.4%), 중·고등학생은 '돈을 많이 벌 수 있을 것 같아서'(중 5.8%, 고 6.5%)라고 나타났습니다. 이와 같이 우리나라 청소년들이 생각하는 희망 직업은 과거와 비교할 때 상당 부분 달라질 수 있음을 알 수 있습니다. 이와 같은 급속한 변화는 앞으로도 지속적으로 나타날 것으로 보입니다.

또한 우리나라 고등학생을 대상으로, 진학을 희망하는 전공 계열의 변화 내용을 조사하였습니다. 그 결과, 우리나라 전체 고등학생의 1위는 경영경제 전공, 2위는 사회과학 전공, 3위는 언어/문학 전공, 4위는 간호 전공, 5위는 무용/체육 전공, 6위는 디자인 전공, 7위는 인문과학 전공, 8위는 기계금속 전공으로 조사되었다. 남자 고등학생의 진학 희망 전공 1위는 기계금속 전공, 2위는 경영경제 전공, 3위는 무용/체육 전공, 4위는 컴퓨터/통신 전공, 5위는 사회과학 전공, 6위는 전기전자 전공, 7위는 언어문학 전공, 8위는 중등교육 전공으로 나타났습니다. 반면, 여자 고등학생의 진학 희망 전공 1위는 간호 전공, 2위는 언어·문학 전공, 3위는 사회과학 전공, 4위는 경영·경제 전공, 5위는 디자인 전공, 6위는 유아교육 전공, 7위는 의료 전공, 8위는 인문과학 전공으로 확인되었습니다.

이 보고서 결과를 종합하면, 우리나라 청소년들의 관심 직업과 전공은 사회 환경 변화에 따라 다원화되고 있음을 재확인할 수 있습니다. 따라서 진로 준비와 설계도 다양해질 것으로 생각합니다.

고등학생의 진학 희망 전공 계열 변화

(2017-2018년 상위 10개)(%)

순위	전체				남학생				여학생			
	2017년		2018년		2017년		2018년		2017년		2018년	
	학과(계열)	비율	학과(계열)	비율	학과(계열)	비율	학과(계열)	비율	학과(계열)	비율	학과(계열)	비율
1	언어문학	8.6	경영경제	9.6	기계금속	13.3	기계금속	11.3	언어문학	10.1	간호	12.3
2	경영경제	8.3	사회과학	9.1	컴퓨터/통신	10.9	경영경제	9.6	간호	10.0	언어문학	10.4
3	간호	7.1	언어문학	8.7	전기전자	10.3	무용체육	9.1	경영경제	8.6	사회과학	10.2
4	디자인	6.8	간호	8.6	경영경제	7.9	컴퓨터통신	8.6	디자인	8.4	경영경제	9.7
5	생물화학환경	6.7	무용체육	6.8	생물화학환경	6.2	사회과학	7.8	유아교육	7.9	디자인	8.4
6	기계금속	6.4	디자인	6.6	언어문학	6.2	전기전자	7.2	사회과학	7.5	유아교육	7.4
7	사회과학	6.4	인문과학	5.9	건축	5.7	언어문학	6.7	생물화학환경	6.9	의료	6.1
8	컴퓨터/통신	5.7	기계금속	5.9	무용체육	5.7	중등교육	6.1	인문과학	6.5	인문과학	6.0

체육계열 청소년의 미래 진로

앞에서 소개한 것처럼, 교육부와 한국직업능력개발원에서 우리나라 초등학생, 중학생, 고등학생을 대상으로 희망직업을 조사한 결과(2018년), 초등학생의 경우 희망직업 1위가 운동선수로 나타났습니다. 실제로 교육부(2017)에서 조사한 결과에 따르면, 초등학교부터 고등학교에 재학 중인 학생 선수의 규모는 전체 4,271,481명 중에서 약 15.2%에 해당하는 6만 4천여 명에 이릅니다. 이 15.2% 비율은 매우 큰 규모입니다.

우리나라 학생 선수 규모

학교급	전체 학생 수	학생 선수 수
초등학교	1,622,869명	20,619명
중학교	1,257,824명	23,319명
고등학교	1,390,788명	20,895명
계	4,271,481명	64,833명

※ 출처 _ 교육부, 2017

또한 교육부(2017)에서 조사한 결과를 보면, 우리나라 고등학생이 희망하는 전공은 체육계열이 전체 5위를 차지하고 있습니다. 실제로 체육계열 대학에 재학 중인 대학생 수를 살펴보면, 4

년제의 경우 75,488명이고 2년제의 경우 16,575명으로 나타났습니다. 이 숫자를 합하면, 92,063명입니다. 정말 많은 수의 체육계열 대학생이 있음을 알 수 있습니다.

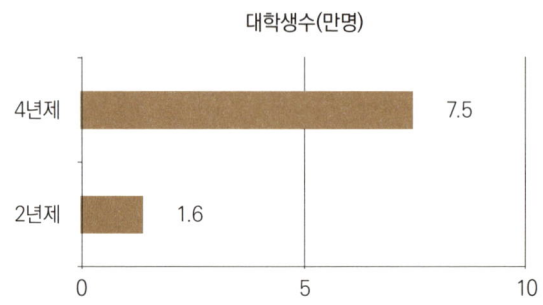

※ 출처 _ 한국스포츠개발원(2018), 체육백서

이 조사 결과를 종합해 보면, 우리나라 유소년과 청소년들이 '체육'을 매우 선호하는 것으로 볼 수 있습니다. 그러나 체육계열 진로에 대한 인프라가 충분히 갖추어지지 못한 상황이어서 안타까운 마음입니다. 이 부분에서 몇 가지 사례를 소개하고, 우리가 준비해야 할 사항을 함께 나누고자 합니다.

교육부(2013)에서 조사한 자료에 따르면, 체육계열 청소년의 희망 직업 1위가 국가대표로 나타났습니다. 이 조사는 우리나라 체육계에 많은 시사점을 던져주고 있습니다. 가장 충격적인 내용은 청소년들이 국가 대표를 직업으로 인식하고 있다는 점이다. 국가 대표는 직업이 아닙니다. 국가 대표가 직업은 아니지만, 운동선수를 직업으로 삼을 수는 있습니다. 주로 축구, 야구, 배구, 농구, 골프 등과 같은 스포츠분야에서는 실업팀과 프로팀이 있기 때문에 운동선수로서의 직업을 일반적으로 30대 후반까지 할 수 있습니다. 그러나 실제로 이 스포츠종목에서 실업팀과 프로팀에 갈 수 있는 운동선수의 비율은 단 5% 미만에 그치고 있습니다. 나머지 95% 이상은 고교 졸업 후 사회낙오자 또는 운동과 전혀 관련 없는 저임금 비정규직으로 생활하고 있습니다(중앙대학교 학교체육연구소, 2017).

또한 운동선수의 상당수는 20대 전후에 국가대표가 되며, 국가 대표 선수로 활동하는 기간은 매우 짧습니다. 그럼에도 불구하고 많은 운동선수들은 국가 대표가 종료된 이후 자신의 미래 삶에 대해서 체계적으로 준비하지 못하고 있습니다.

누구나 자신이 좋아하는 일을 하면서 현재와 미래의 삶을 살기를 소망합니다. 운동선수도 마찬가지입니다. 그러나 안타깝게도 운동만 열심히 하면 미래가 보장되는 사실은 이제 더 이상 '진실'이 아닌 것으로 확인되었습니다.

이제는 운동선수들도 운동만 해서는 안 됩니다. 100세 시대를 맞이하고 있는 현대 사회에서 운동만 해서 선수생활 은퇴 이후의 미래 생활을 준비할 수 없습니다. 운동선수로서의 취업을 하지 못한 대다수(약 95%)의 은퇴 선수들은 앞에서도 이야기한 바와 같이 운동과 관련 없는 비정규직 직업에 고용되어 삶을 살아가고 있습니다.

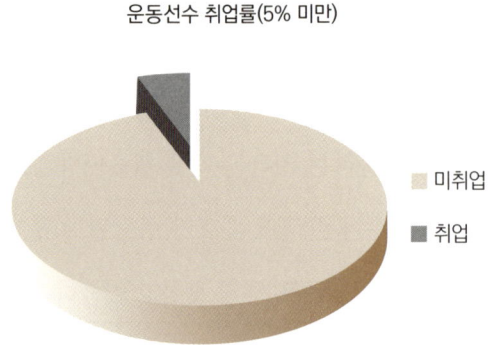

운동선수 취업률(5% 미만)

운동선수를 꿈꾸는 청소년이나 체육계열로 진로를 희망하는 청소년들은 체육 분야의 다양한 진로 세계에 대해 탐색하고, 이를 체계적으로 준비해야 합니다. 실제로 체육 분야에는 다양한 진로가 존재합니다.

※ 출처 _ 유정애, 2014

체육 이외의 진로를 선택할 때도 많은 시간과 노력을 기울여서 체계적으로 준비를 하는 것처럼 체육 분야에서도 그 이상의 준비가 요구됩니다.

우리는 운동 능력을 기르기 위해 매일매일 꾸준히 연습이나 훈련에 참여합니다. 미래에 대한 진로 설계도 하루아침에 이루어지는 것이 아닙니다. 따라서 청소년 여러분들은 매일매일 꿈꾸는 미래를 위해 꾸준히 조금씩 앞으로 나아갈 수 있는 노력을 기울여야 합니다.

그 동안 체육계에서는 체육에 소질이 있는 학생들을 대상으로 '운동선수'라는 한 가지 진로에 국한하여 진로 교육을 실시해 왔습니다. 우리 사회와 교육계에서는 체육에 소질(또는 '끼')이 있다는 의미를 '운동 기능이 뛰어나다'는 것으로 직접 연결하여 운동선수로서의 삶을 안내하고 있는 상황입니다(유정애, 2014). 그러나 모든 청소년들이 운동을 좋아해도 운동선수로의 꿈을 꾸지는 않습니다.

실제로 우리 주변에는 운동을 좋아하지만 운동선수의 진로만 있는 줄 이해하고, 적지 않은 청소년들이 자신의 진로를 체육분야 이외의 일반 분야로 결정하는 경우도 많습니다. 이는 매우 안타까운 일입니다. 체육계에서 볼 때 이 점은 미래 체육인재를 놓치는 결과를 가져오는 것입니다.

따라서 청소년 여러분들은 만약 체육계열 진로에 관심이 있다면, 다양한 체육 진로에 대해 탐색, 설계, 체험 및 준비할 수 있는 기회를 적극적으로 가져야 합니다. 적극적인 탐색 없이 그냥 다른 사람의 말이나 주변의 잘못된 조언으로 체육진로에 대해 갈등하거나 고민하지 말아야 합니다. 만약 고민이 있거나 상황 판단에 대한 자신이 없으면, 학교에서 만나는 체육 선생님 또는 체육계열에서 일을 하는 사람들의 이야기를 들어보시기 바랍니다. 이 방법에 어려움이 있다면, 인터넷에서 검색을 해 보시기 바랍니다. 약간의 노력만 한다면 체육계열 진로에 대한 기초 정보를 받을 수 있답니다.

학생 선수도 마찬가지입니다. 학생 선수들도 운동을 열심히 훈련하면서 차근차근 자신의 미래 진로에 대해 준비해야 합니다. 운동을 전문적으로 하는 청소년 여러분 중에 손흥민 선수 또는 김연아 선수처럼 최고의 세계적인 선수가 될 수 있다고 생각합니다. 그렇지만 앞에서도 강조한 바와 같이 그런 사람은 아주 극소수입니다. 세계적인 선수로 자리매김했고 선수로서의 가장 빛나는 삶을 살았던 김연아 선수도 은퇴 이후에 자신의 미래에 대한 준비와 설계를 진행하고 있답니다. 박지성 선수도 마찬가지입니다. 축구 선수로서 은퇴한 후, 자신의 2번째 인생을 준비하고 있답니다. 그렇다면, 운동을 전문적으로 하는 청소년 여러분들도 지금부터 은퇴 이후의 삶에 대해 진지하게 생각하고 준비를 해야 합니다.

특히 이 부분에서 강조하고 싶은 내용은 운동을 수년간 전문적으로 경험한 청소년들이 운동 중단 또는 은퇴한 이후의 삶을 준비할 때 '체육 밖'의 진로보다는 '체육 안'의 진로입니다. 물론 일부 청소년들의 경우 운동을 오랫동안 해 왔지만, 체육 밖의 진로에 대해 관심을 갖고 준비할 수 있다고 생각합니다. 실제로 엄청난 노력으로 축구 선수출신이 변호사가 되거나 농구 선수 출신이 은행지점장이 된 사례도 있답니다. 이 사람들은 정말 대단한 사람들이라고 평가하고 싶습니다. 그러나 누구나 이 사람들처럼 대단한 사람이 되기는 결코 쉽지 않습니다. 이 사람들이 겪는 어려움 때문에 청소년 여러분에게 '체육 밖의 진로'보다는 '체육 안의 진로'를 선택하라고 강요하는 것이 아닙니다.

　이 부분에서 강조하는 것은 누구나 자신이 좋아하고 잘하는 분야에서 진로를 찾아야 한다는 사실입니다. 또한 저자는 청소년 여러분이 수년간 운동을 했던 경험을 포기한 채 다른 진로를 찾는 다는 자체가 많이 안타깝습니다. 청소년 여러분이 오랫동안 연습하고 훈련해 온 운동 경험은 가장 소중한 자산임을 기억해야 합니다. 다시 말하면, 청소년 여러분이 오랫동안 쓸데없는 곳에 시간을 낭비한 것이 아니라는 점입니다. 청소년 여러분이 오랫동안 참여한 운동 경험은 여러분을 경쟁력 있는 사람으로 만들어 줄 수 있습니다. 이 이야기를 듣고 혹시 청소년 여러분 중에 '그렇다면, 나는 운동만 해야지?'라고 생각하지 말기를 바랍니다. 경쟁력은 운동 경험만으로는 불가능합니다.

  청소년 여러분에게 오랜 운동 경험은 기초 체력이 되어 줄 것입니다. 저자는 오랫동안 운동을 해 왔던 청소년 여러분들이 체육진로에 대한 이해 부족과 준비 결여로 인해 다른 진로를 선택하지 않기를 바랍니다. 청소년 여러분이 오랫동안 참여했던 운동 경험은 여러분이 스스로 자랑스럽게 생각해야 합니다. 청소년 여러분은 정말 많은 시간을 투자해서 연습하고 훈련했습니다. 그 과정 속에서 습득했던 끈기, 지구력, 협동심, 리더십, 도전 정신, 시간 관리 등은 정말 귀중한 자산들입니다.

  저자는 청소년 여러분이 이 귀중한 자산들을 바탕으로 '체육 안의 진로'를 찾아가길 응원합니다. 청소년 여러분이 운동을 통해 갖춘 자신의 고유한 자산을 인식하고, 그 부분을 강화하는데 체계적인 준비와 노력을 기울이길 바랍니다. 청소년 여러분이 운동을 통해 갖춘 자신의 고유한 자산을 찾아갈 수 있도록 다음의 내용(유정애 외, 2019, 61쪽)을 소개하고자 합니다.

──── 어느 학교 운동부에 속해 있는 네 가지 동물은 모두 종합 종목의 대표 선수가 되기를 희망하고 있었다. 그 이유는 개인 종목보다 종합 종목의 상금이 매우 컸기 때문이다. 종합 종목은 4개 종목으로, '나무 타기,' '땅파기,' '달리기,' '날기'였다.

──── 이 학교 운동부에서는 4개 종목의 대표 선수를 뽑고자 선발전을 실시하였다. '1번 선수 사슴 학생, 나무 타기 시작~~'. 그러나 사슴은 나무를 탈 수 없었다. 몇 번 나무에서 떨어지다 결국 뒷다리를 다치고 말았다. 2번은 참새였다.

──── 참새는 몸이 가벼워서 사슴보다는 쉽게 나무를 탔다. 그러나 참새는 속으로 '날갯짓으로 나무를 오르면 더 쉬울 텐데…'.' 하고 생각했다.

──── 다음 순서는 두더지였다. 그는 눈이 어두워서 다리를 헛디뎌 심하게 다쳤다. 곰은 쉽게 나무를 타서 100점을 받았다. 2교시는 '땅파기'였다. 사슴은 땅을 파느라고 약한 앞발이 부러질 정도였고 참새는 날개가 부러졌다. 곰은 못하겠다고 반항을 하다가 혼만 났다. 그러나 두더지는 100점을 받았다. 3교시는 '달리기'였다. 사슴은 잘 달렸으나 다쳤기 때문에 곰에게 뒤처졌다. 곰은 60점, 두더지는 20점, 참새도 20점을 받았다. 4교시는 '날기'였다. 감독님은 모두 동물을 높은 절벽으로 데려갔다. 가장 무거운 곰은 꼬꾸라져 머리를 다치고 말았다. 사슴은 혼자 일어날 수 없을 정도로 다리를 다쳤다. 두더지는 공중에서 허

우적거리다가 땅에 처박혀 허리를 다쳤다. 참새는 땅파기 때 날개가 부러졌기 때문에 얼마 날지 못하고 땅으로 내리꽂혔다.

――― 선발전을 마친 후 동물은 각자 깊은 생각을 하게 되었다. 각 동물들은 종합 종목을 포기하고 상금이 적지만 스스로가 가장 잘할 수 있는 개인 종목을 선택하기로 결심했다. 결국 사슴은 달리기 종목, 참새는 날기 종목, 곰은 나무 타기 종목, 그리고 두더지는 땅파기 종목에 참가하여 좋은 성적을 거두었다.

이 동물들의 체육대회는 우리에게 많은 교훈을 제공하고 있습니다. 청소년 여러분은 이 동물들의 이야기처럼 자신이 가장 잘할 수 있는 부문에서 여러분의 미래 진로를 준비하길 바랍니다.

특히 체육에 흥미와 적성을 가진 일반학생과 학생선수 모두가 체육 안에서 진로를 탐색하고 설계하기를 희망합니다. 일반적으로 특정 분야에 흥미와 적성을 가지고 있고, 이를 본인 스스로가 알고 있다는 것은 정말 큰 축복입니다. 많은 청소년들은 자신들이 무엇을 잘하고 무엇을 좋아하는지를 파악하지 못한 채 고민하고 방황하는 경우가 실제로 많습니다. 누구든지 자신의 흥미와 적성과 관련된 진로를 찾거나 직업을 얻게 되어 일을 할 수 있다면 그보다 행복한 삶은 없다고 봅니다. 자신의 흥미와 적성에 꼭 맞는 진로를 찾더라도 많은 노력과 준비를 해야 합니다. 이 과정도 쉽지 않습니다. 그렇지만, 본인이 좋아하고 잘하는 분야이기 때문에 어려운 과정도 잘 견뎌내면서 때로는 기쁘게 도전할 수 있답니다.

스마트한 체육진로 탐색

그 동안 대부분의 체육진로교육은 스포츠스타의 재능기부 또는 은퇴선수의 성공담으로 진행되는 경우가 많았습니다. 이와 같은 접근도 때로는 필요하지만, 보다 과학적인 방법으로 체육 안의 진로를 탐색하는 노력이 필요합니다.

먼저, 체육 안의 진로가 매우 광범위하다고 앞에서 이미 설명한 적이 있습니다. 만약 청소년 여러분이 체육을 진로로 선택했다면, 그 다음 단계에서는 체육 안에서 자신의 적성과 흥미가 어디에 있는지를 파악해야 합니다. 이를 위해 중앙대학교 학교체육연구소에서 개발한 「체육진로흥미검사」에 참여해 보길 권장합니다. 청소년 여러분은 학교에서 일반진로검사를 매년 경험했을 것입니다. 그 검사는 체육 밖의 진로에 대한 검사로써, 체육 안의 진로를 검사하는 데 한계가 있답니다. 「체육진로흥미검사」를 통해 스마트한 체육진로 탐색활동에 임하길 바랍니다. 이 검사지는 크게 일반학생용과 학생선수용으로 구분되고, 청소년들에게 '체육 안'에서 어느 분야에 흥미와 적성이 있는지를 데이터에 기반하여 검사 결과를 알려 줍니다. 특히 개개인의 잠재능력, 성격특성, 선호활동, 그리고 맞춤형 직업분야까지 구체적인 정보를 알려주고 있답니다.

　스마트한 체육진로 탐색은 스마트한 체육진로 설계로 연결될 수 있습니다. 체육진로흥미검사의 결과를 토대로, 해당 분야를 적극적으로 조사하고 종합적으로 분석해야 합니다. 분석 결과를 토대로, 자신에게 맞는 맞춤형 체육진로 설계 작업을 수행하길 바랍니다. 이 전체 과정에서 청소년 여러분이 걸어가는 과정은 정답이 없습니다. 청소년 여러분 각자가 처한 환경 속에서 자신만의 최고의 길을 만들어가길 바랍니다.

체육진로흥미검사(S.C.I.)

결과 검사지(요약형)

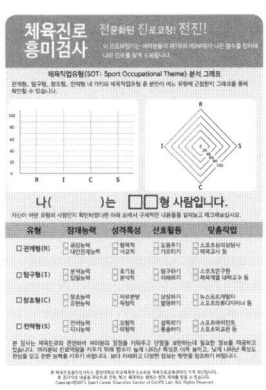

※ 출처 _ 중앙대학교 학교체육연구소

맺는 글

우리 몸에는 '생각'이 함께 존재하고 있습니다. 그리고 인간의 삶은 '생각'의 결과로 만들어집니다. 생각하는 힘을 키워주는 것이 바로 브레인 체력입니다.

미래 사회에서 요구하는 인재상은 많은 지식과 정보를 머리에 넣고 다니는 사람이 아니라, 인간과 인간이 만나 협력하여 새로운 가치를 만들어 내는 사람입니다. 청소년 여러분 중에 일부는 '왜 인간과 인간이 굳이 만나야 하지?'라고 의구심을 가질 수 있습니다. 지금도 과학기술의 발달로 굳이 사람을 만나지 않아도, 직접 얼굴을 보지 않고도 대화를 하고 많은 일을 할 수 있는데 말입니다. 이 부분에서 이야기하는 '인간과 인간의 만남'은 단지 물리적으로 같은 공간에서의 만남을 이야기하는 것이 아닙니다. 지금도 우리는 대한민국에 살면서 세계 여러 나라의 사람들과 수시로 소통하고 있습니다. 인간과 인간의 만남은 바로 소통(communication)을 말합니다. 소통이 잘 되기 위해서는 '사람의 생각'과 '사람의 생각'간의 거리가 좁혀져야 합니다. 생각의 거리를 좁힌다는 것은 정말 쉽지 않은 일입니다. 이 거리를 좁히기 위해 우리는 세상에 태어나서 삶을 마감할 때까지 노력해야 합니다.

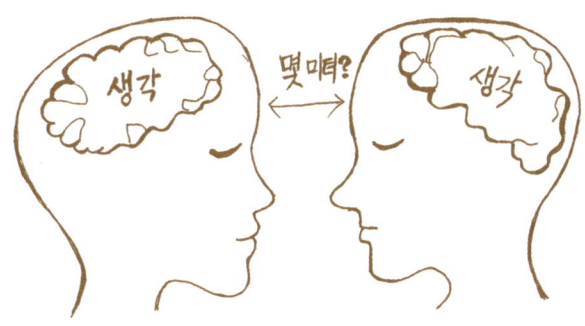

맺는 글

일부 청소년들은 마음속으로 "혼자 살면 되지?", "굳이 생각의 거리를 좁히기 위해 힘든 노력을 해야 하나?"라고 생각할 지도 모르겠습니다. 우리의 생각과 달리, 우리는 태어나서 삶을 마감할 때까지 누군가와 함께 살아갑니다. 미래 사회는 더욱 발달된 과학기술의 결과물로, 우리의 삶이 훨씬 편리해 질 것은 분명합니다. 그러나 아무리 과학기술이 발전해도 우리는 한 명의 인간으로 다른 사람과 우리의 삶을 함께 살아가야 하는 생명공동체에 속하게 됩니다. 지구의 무인도에서 혼자 살거나 머나먼 우주에 가서 혼자 살지 않는 한, 우리의 삶은 누군가와 함께 할 수 밖에 없습니다. 다만 개개인마다 다른 사람들과의 공유하는 삶의 사이즈가 다를 뿐입니다.

생명공동체를 가장 건강하게 활성화시킬 수 있는 것이 운동입니다. 많은 사람들에 따르면, 스포츠활동은 사회의 축소판이라고 합니다. 이는 스포츠활동이 우리의 생명공동체를 많이 닮아 있기 때문입니다. 스포츠활동을 많이 참여할수록 청소년 여러분은 인생 공부를 충분히 예습하고 복습할 수 있는 기회를 많이 가지게 됩니다. 인생 공부를 미리 연습할 수 있다면 얼마나 좋은 일까요?

스포츠활동은 그 자체로 우리의 삶을 연습해 볼 수 있는 최고의 인간 활동입니다. 저자는 청소년 여러분들에게 혼자서 하는 스포츠활동보다는 여러명이 함께 하는 스포츠활동에 참여하길 권장합니다. 그것은 이미 설명한 바와 같이, 우리의 인생 공부를 실제 상황에서 연습할 수 있기 때문입니다. 팀 스포츠활동에 참여하는 동안, 팀 내에서 때로는 팀 간에 생각과 감정의 균열이 생기고 그 균열이 없어지는 것이 아니라 더욱 커질 수 있습니다. 그 때마다 그 균열을 최소화하거나 사라지게 하기 위해서 리더들과 팀원들은 땀으로 얼룩진 몸과 몸으로 소통합니다. 사람과 사람이 만나 몸으로 소통하면서 균열이 없어지고 결국 갈등 상황은 정리될 수 있습니다. 그렇지만 항상 좋은 결과만 있는 것은 아닙니다. 아무리 노력해도 사람과 사람의 생각이 100% 일치되지 않는 경우도 종종 있기 때문입니다. 종종 좋은 결과가 없을지라도 이와 같은 인생 연습을 지속해야 하는 이유는 인생 연습을 하면서 경험하는 많은 배움이 있기 때문입니다. 이 배움을 통해 청소년 여러분은 인생의 '연습 상황'이 아닌 '실전 상황'에서 그 효과를 크게 볼 수 있습니다.

　우리 삶은 지금도 불확실하고 앞으로도 예측할 수 없습니다.

이를 걱정하며 고민하기 보다는 그 시간에 인생 연습을 한번이라도 더 해보길 권합니다. 스포츠활동은 불확실성과 예측불허의 상황 속에 우리를 자연스럽게 연습시키고 준비하게 만들어 줍니다. 우리가 좋아하는 스포츠활동을 통해 우리의 인생까지 연습할 수 있다면 금상첨화(錦上添花)라고 생각합니다.

저자는 브레인 체력(Brain Fitness)라는 주제로, 청소년 여러분에게 기존에 많이 알지 못했던 내용들을 소개했습니다. 청소년 여러분에게 다소 익숙하지 않은 이야기들이 분명히 존재합니다. 그렇지만 저자는 운동에 대해 가지고 있는 청소년 여러분의 관점을 넓히기 위해 다른 각도에서 운동을 소개하고 싶었습니다.

저자는 우리가 운동을 왜 해야 하는지, 운동을 통해 무엇을 배우는지를 생각할 수 있는 기회를 갖기 희망합니다. 또한 우리가 TV에서 보는 멋진 스포츠스타와 세계를 누비는 글로벌 리더들이 어떠한 청소년기 경험으로 그 자리에 올라갈 수 있는 지를 생각해 보길 바랍니다. 이를 통해 운동과 인간의 몸은 어떤 관계 속에 있는 지 이해할 수 있고, 결국 '운동'은 청소년 여러분이 미래 인재로 성장하는 길에서 반드시 만나야 할 부분임을 깨닫도록 합니다.

저자는 운동을 하는 이유가 'Physical Fitness'가 아닌 'Brain Fitness'이라고 믿습니다. 이 브레인 체력은 7가지 브레인 체력 요소(브레인 근력, 브레인 지구력, 브레인 유연성, 브레인 균형성, 브레인 민첩성, 브레인 템포, 브레인 협응성)로 구성되어 있습니다. 이 브레인 체력의 각 요소는 각자의 역할과 기능(function)을 가지고 있답니다. 청소년 여러분은 7가지 브레인 체력 요소에 대한 의미와 특징을 이해하고, 이를 바탕으로 각 브레인 체력 요소를 길러야 합니다.

우리가 브레인 체력을 길러야 하는 이유는 청소년 여러분의 미래와 밀접한 관련성이 있기 때문입니다. 브레인 체력은 청소년 여러분의 미래를 준비해 주는 지름길이 될 것입니다. 정말로 브레인 체력이 청소년 여러분의 미래를 위한 지름길이 되기 위해서는 브레인 체력 운동에 지속적으로 참여해야 합니다. 무작정 브레인 체력 운동에 참여하는 것이 아니라, 수학적 원리를 배워 다양한 수학 문제를 풀듯이 브레인 체력의 운동 원리에 따라 브레인 체력 운동에 참여해야 합니다. 지속적인 운동으로 탄탄해진 「브레인 체력」은 청소년 여러분의 진로를 준비하고 설계하는데 뿌리 역량이 되어 줄 것입니다.

브레인 체력운동 계획표

운동을 하는 이유는 브레인 체력을 기르기 위해서입니다.

이제 여러분 다음 계획표를 활용하여 브레인 체력운동을 실천합시다.

나(   )의 브레인 체력운동 계획표

브레인 체력운동 계획표

참고문헌

교육부(2013). 학교진로교육지표조사. 교육부.

교육부(2017). 교육통계연보. 교육부 내부자료.

김병준·천성민(2017). 긍정의 멘탈 트레이닝. 서울:MSD 미디어.

대한민국정책브리핑 뉴스(2016). 운동을 시작해야 하는 이유.

매일경제(2019년 1월22일). 한국 인적자원 경쟁력 수년째 30권 머물러.

문화체육관광부(2018). 국민생활체육참여실태조사 보고서. 문화체육관광부.

스포츠서울(2018년 12월 7일자 신문). 미국대통령과 스포츠.

시사저널(2005). 운동이 좋은 11가지 이유.

유정애(2014). 자유학기제 시행에 따른 중학교 체육진로교육의 방향과 과제탐색.
　　　한국체육학회지, 53(6), 235-246.

유정애(2016). 미래사회를 대비한 학교체육디자인 방향 및 비전 탐색.
　　　한국체육학회지, 55(6), 313-322.

유정애 외(2019). 체육과 진로탐구. 교육부.

이민규(2005). 끌리는 사람은 1%가 다르다. 더난 출판사.

중앙대학교 학교체육연구소(2017). 신한국형 학교체육모형 개발 및 평가.
　　　중앙대학교 연구보고서.

한국스포츠개발원(2018). 체육백서, 한국스포츠개발원.

OECD, (2018). The Future of Education and Skills: Education 2030.
　　　OECD.